ある日突然AIがあなたの会社に

細川義洋

マイナビ新書

はじめに

突然ですが、今から10年後、あなたは、まだ今の仕事を続けられているでしょうか？

あなたが今、オフィスで行っている様々な事務処理や資料作成は、パソコンが勝手にエクセルやパワーポイント、その他のソフトウェアを操作して、あなたよりずっと早く品質の良いものを作ってしまうかもしれません。

あなたが今、メールや電話でお客さんと連絡をとり、何度も商談を繰り返して獲得してきた受注を、コンピュータがウェブやチャットボット（CHATBOT）を使い、数分で受注してしまうかもしれません。

工場では、やはりコンピュータに制御されたロボットたちが、人間の命令も監視も必要とせずに24時間365日、製品を作り続け、部品や材料がなくなれば自動的に業者に発注するかもしれませんし、それを運んでくるのも自動運転の自動車や荷物を運搬するために改良されたドローンかもしれません。

ホテルやデパートで接客をするのは、どんな質問にも当意即妙に答えてくれるロボットで、医者や弁護士も、その仕事のかなりの部分をコンピュータに任せてしまい、必要な人数は大幅に減ってしまうのかもしれません。


様々な機械やロボット、コンピュータを自在に動かして、こうしたことを実現するのは「人工知能（AI）」です。実際、今、申し上げたようなことは、すでに技術的には可能になりつつあることばかりで、しかもその進歩は急速です。

電話やチャットで人とコンピュータが自然に会話を行い、犬の絵を見せただけでコンピュータが〝これは犬だ〟と見抜くような技術が出現すること、そしてそれらが、実際にビジネスの現場に浸透しつつある今の世の中を、10年前には、どれくらいの人が予測できていたでしょうか。

今、毎日行っている仕事を、ある日突然コンピュータが行うようになったとき、私たちに残される仕事とはどんなことなのか、そのために私たちが培うべき知識やスキルとはどのようなものなのか、私たちは、どんな覚悟を持ってこの新しい時代に臨むべきなのか、誰もがそんなことを考えざるを得ない時代が、いよいよやってきたようです。

本書では、実際に動き始めているＡＩの事例と、それによりオートメーション化するビジネスの少し未来の姿、そして、その中に生きるビジネスパーソンが身につけるべきスキルや考え方、さらに、こうしたＡＩと、最近はやりのＲＰＡ(Robotic Process Automation) によって実現しつつある「働き方改革」について解説します。

少し前まではＳＦの世界の出来事と思われていたことが、徐々に現実のものとなりつつあること、しかし、やはり現在のＡＩが完全に人間の代わりとまではなり得ず、そこに今後のビジネスパーソンの生き方が関わってくるであろうことをイメージしていただける内容になっています。

この本は、そうしたＡＩと共に暮らし、仕事をせざるを得ない世の中を生きることになった私たちが、どのような知識や意識を持って生きていくべきなのか、そんなことを考える一助になることを願っています。

ある日突然ＡＩがあなたの会社に

目次

はじめに　3

序　章　ＡＩ時代の到来

定まらないＡＩの定義　17
現在のＡＩは「高度の検索エンジン」　20
機械学習や深層学習による進化　21
言外の性格を読み取る最新ＡＩ　23

第1章　ＡＩツールで進化するビジネス

日々学習し、進化する顧客対応ＡＩ　28
チャットボットによる顧客対応　30
非定型な言葉の裏側を読み取る　34

商品の価格設定や見積もりを行うＡＩ　37
ＡＩがチケットの価格を決定する　38
フィードバックの繰り返しが精度を上げる　40
品質や安全を守る工場のＡＩ　43
非定型への対応が進化　45
自動取引で利益を上げるＡＩ　46
担保主義からの脱却が求められる　47
保険の審査を行うＡＩ　50
農薬を散布するＡＩ　52

第2章　オートメーション化される仕事

文系教育により技術者目線からの脱却　57
相手を知りつくして売り込め！　ＡＩによるマーケティングとセールス　59

声なき声を探る　63
知らない間に勝手に受注を続ける営業支援ＡＩ　65
受注も発注もＡＩが自動化　67
ＡＩとロボットにより無人化する工場　68
スマートコントラクトによって進む自動化　71
難問が山積みの人事評価　72
経緯やプロセスをオープン化する　74
熱い人間の思いと冷たいＡＩの判断のバランスをとった人員配置　77
フィンテックと結合した経理・財務　78
大企業よりも中小企業に活躍の場　79
ソフトウェアがソフトウェアを作る時代　80
自動運転とドローンがもたらす物流の変化　82
自動運転における人間とＡＩの関わり　84
対立軸と協力軸が共存　85

AI時代に向けた教育の重要性　87

第3章　実証実験に見るAIの可能性と課題

川崎市の実証実験　92
ソフトバンクがAIで新卒採用業務を75%削減　101
AIによる国会答弁から浮かび上がった課題　103
AIティーチャーの必要性　109

第4章　AIと共存するために求められること

AIと仕事をするということ　112
ビジネス現場における人間とAIの役割の整理　119
人間に求められるスキル　123

AIの先生〝AIティーチャー〟 124
スキルマップからの考察①【情報収集】 126
スキルマップからの考察②【情報の抽出】 133
スキルマップからの考察③【分析と課題設定】 135
スキルマップからの考察④【解決の方向性・行動方針】 137
AIの判断には偏りが生じる 138
AIは神のような存在ではない 142

第5章 AIとRPAによる「働き方改革」

働き方改革とは 146
AIによる生産性向上の例 149
バックオフィス業務でのRPA活用 152
大切なのは「人とRPAのハイブリッド」 153

マーケティング施策の自動最適化　155
働き方改革自体をAIが管理　158
あらためてRPAとは？　159
RPAが手間と時間を削減する　161
AIやRPAが進出する未来は？　166
AIにはない人間ならではの魅力を伸ばす　169

第6章　AI・ロボット・IoTがもたらす未来の姿

食べる物を手に入れる　175
工業製品を手に入れる　179
公共サービス　180
人類がいまだ経験しない大転換と人間のモチベーション　182
技術者・芸術家・芸能人の充足感　185

営業職からエバンジェリストへ　187
AIと協業するマーケティング　189
学者・研究者はこれまで以上に学問に没頭　191
コンサルタント・カウンセラー・教育者は人の役に立つことにやりがい　192
経営者のモチベーション　193
お金から自由になる政治家　197
SNSにみる承認欲求　198
最後に残るのは人間らしさ　199
おわりに――情報の独占を阻止せよ――　203
参考文献　205

序章

ＡＩ時代の到来

昨今、テレビや新聞、雑誌などでよく目にするようになった、「ＡＩ(Artificial Intelligence)」、つまり人工知能については、その定義がまだあいまいです。そもそも、〝ＡＩ〟とは何なのでしょうか。その定義は実に様々で、現在のところ、誰もが納得する説明をできる人はいないのではないでしょうか。

ウィキペディア(Wikipedia)で〝ＡＩ〟という言葉を調べると、その概要には「人間の知的能力をコンピュータ上で実現する、様々な技術・ソフトウェア・コンピュータ・システム」という説明がありますが、〝人間の知的能力〟というと、その中には、記憶や演算など、これまでのコンピュータが行ってきた事柄も含まれてしまい、必ずしもＡＩの特質を言い当てた説明にはなっていない気がします。

また、国内の大学やＩＴ企業における一流のＡＩ研究者が集う、一般社団法人人工知能学会のホームページを見ると、「人工知能（ＡＩ）とは知能のある機械のことであり、推論や探索、データマイニングや知識表現、機械学習や自然言語処理等数多くのことができる」というような説明をしていますが、これもＡＩにできることを羅列したもので、その定義、あるいはＡＩとそうではないものの区別を示したものではありません。

定まらないＡＩの定義

国内でＩＣＴ（情報通信）技術を主管する総務省が平成28年版、情報白書の「人工知能（ＡＩ）の現状と未来」という項目の中で述べているとおり、ＡＩの定義は研究者によって異なっている状況にあるというのが現状で、同省が日米の識者に対して行った調査結果からもＡＩに関するイメージにはかなりの広がりがあることがわかります。

好むと好まざるとにかかわらず、われわれは今後、ＡＩと付き合いながら仕事をし、生きていかなければなりません。しかし、私を含めて現代の人間の中には、

人工知能のイメージ（日米）

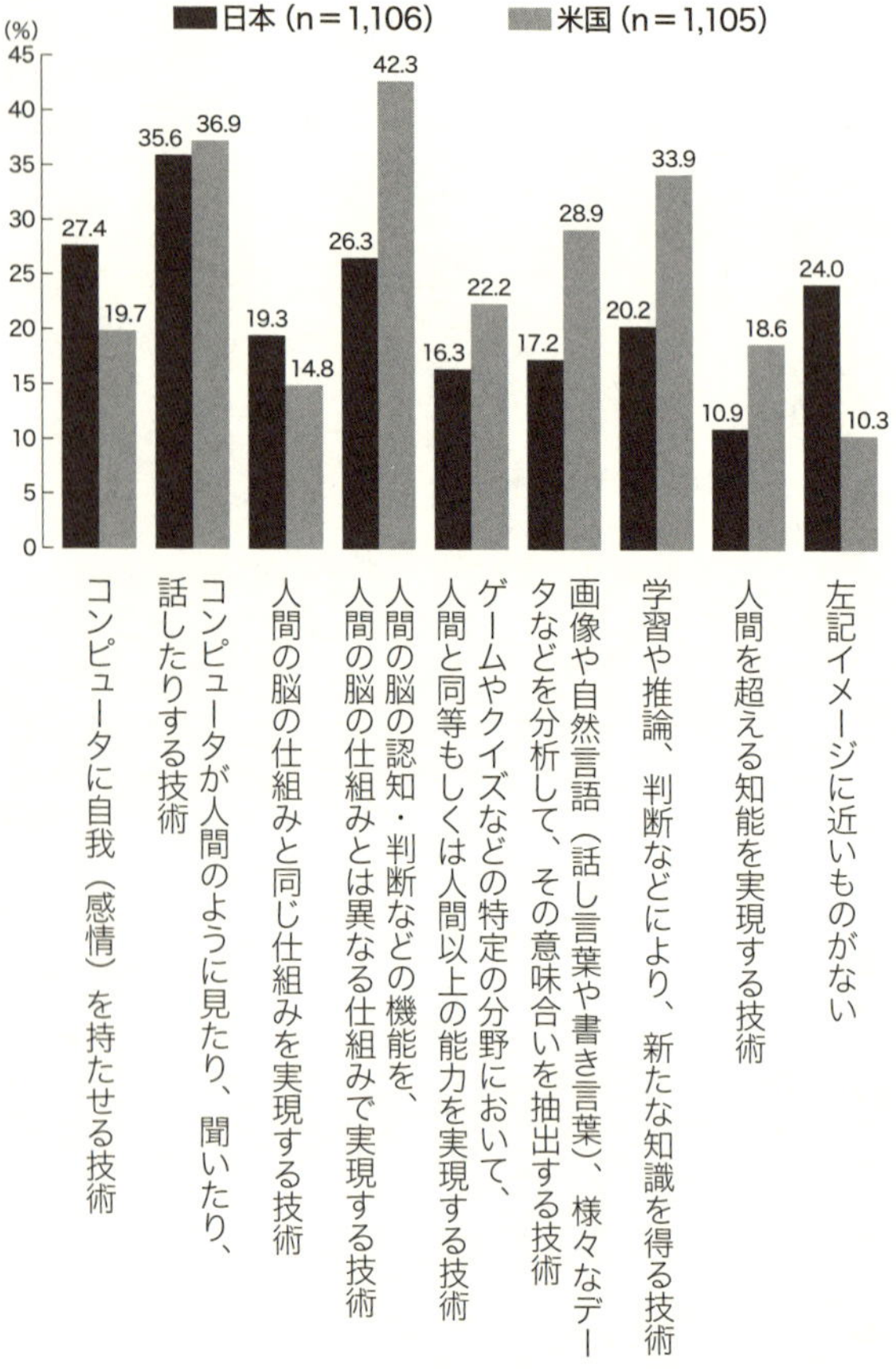

（出典）総務省「ICTの進化が雇用と働き方に及ぼす影響に関する調査研究」（平成 28 年）より作成（平成 28 年版、情報白書、総務省）

そのことを過度に恐れて否定的な未来ばかりを予測する気持ちもあります。もしかしたら、そうした恐怖の一因となっているのは、こうしたＡＩの定義のなさ、あやふやさから来ているのかもしれません。

得体のしれない存在だからこそ、何をどこまでしてくれるのか、あるいはやってしまうのかわからず、もしかしたら人間の仕事を全て奪ってしまうかもしれないし、それ以上の危険だってあるかもしれない。そんな風にＡＩを恐れる人の数は少なくないかもしれません。

一方で、現時点では、本当に自律的に動いているＡＩは存在していないので、まだＡＩなんてものはないのでは、という話もあります。

確かに人間から何の指示や方向付けも与えられず、状況に応じて勝手に仕事をするＡＩは、私の知る限りまだありません。そういう意味でいえば、ＡＩは、あくまで人間の意識の下で動く機械に過ぎず、過度に恐れる必要はないとも考えられます。

現在のAIは「高度の検索エンジン」

現在のAIについて私なりの解釈を簡単に説明すると、「検索エンジン」のすごい奴といえばわかりやすいかもしれません。

検索エンジンというと、AIに対する過小評価だと考える人もいらっしゃるかもしれませんが、実際、今の世の中に出ているAIは、過去の知識やデータを分析して、求められる回答を探すのが主な仕事なのです。

現代のAIは、まだ人間あってのものであり、映画に登場するターミネーターのように、機械自身の判断で人間を殺戮するようなものとは本質的に異なっています。

そのため、人間が何らかのディレクションをしないとAIは何もできません。

今のAIにできるのは、設定された条件に応じて、それを達成するための方法論を過去の事例やデータからかき集めて、最適な回答を出すということに過ぎず、人間のように、全く新しい発想をしたり、自分のなすべきことを自分で決めるようなことはできません。

機械学習や深層学習による進化

ただ、こうした機械の頭脳も、日々進化しており、人間の頭脳に近付きつつあることも事実です。第三次ＡＩブームと言われる昨今では、ここに〝機械学習や深層学習などの機能〟が加わり、人間が最初から条件を設定するのではなく、ＡＩ自身が条件自体を見つけることができるようになりました。

例えば何かの画像を見せたとき、「これは自動車だ」「これは犬だ」ということをＡＩがそれまでに見たたくさんの画像から、それぞれの特長を自分で見つけ出し、また、それを修正しながら判断する、深層学習という技術で判断するのです。

これまでは人間が、自動車というものはタイヤが４つあって、ボディがあって、だいたいこんな形をしているということを教え込まないと、「これは自動車だ」という回答を導き出すことができませんでした。

しかし現在では、過去のデータをたくさん読み込むことで、全体の形や大きさ、個々の部品のあるなし、特質などから自動車の特徴というものをＡＩ自身が学習し、何か別の新しい画像を見せたときに、それが自動車かどうかを判断できるようにはなってきています。

これは画像認識の話ですが、さらに〝自然言語〟に対する理解というのも深まりつつあります。これまで言語そのものは読めても、それがどういう意図で発せられているかがＡＩには理解できませんでした。「こんにちは」と言われたら、挨拶であることはわかっても、そのシチュエーションや込められた感情までは理解できなかったのです。

例えば英語で「Come On」と言った場合、普通は「こちらに来なさい」という意味ですが、状況によっては、「いいかげんにしてくれ」とか「やめてくれ」という意味合いになったりします。しかしＡＩはそういったニュアンスを汲み取ることができないので、辞書どおりにしか判断できなかったのです。それが、シチュエーションによる意味合いをＡＩが学習することによって、今では自律的に判断できるようになってきました。

これまでも無理やり、例えば声のイントネーションや音量を基準に判断させるようなことは可能だったかもしれませんが、それですべてを判断するのは少し乱暴です。しかし今では、いろいろな事例をかき集めることによって、「たぶん怒っているからこういう意味だ」という風に判断できるようになってきたのです。

言外の性格を読み取る最新ＡＩ

ＩＢＭが開発するＡＩである「ワトソン」(Watson) は、性格診断ができます。

ＳＮＳなどで呟いた言葉を全部拾ってきて、その中のワードを分析することで性格を診断するというものです。

このワトソンの機能は、人間の言葉からその人の性格や趣味・趣向を判断するということでしたので、私の過去の著書に登場する主人公の台詞をいくつか読み込ませてみました。すると驚いたことに、ＡＩは私が想定していた主人公の性格を見事に言い当てました。

最も象徴的だったのは「楽器演奏の経験がある」と出てきたことです。著書の中では、一度も主人公に楽器なんか演奏させていません。

これはワトソンが、だいたいこういった物言いや考え方をする人は、今までの事例の中から、楽器を演奏している人が多い、という分析を行った結果なのです。著書の中では楽器演奏についてはまったく触れていませんが、著者である私自身が楽器を演奏する人間だったのです。つまり、私の物言いが、そのまま著書に反映されていたわけで、そういう意味では正解と言ってもよいかもしれません。

こういうことは今までのＡＩにはできませんでした。おそらく、楽器演奏している人だと特定するには、楽器について何か述べている必要があったのです。こういったところが最近の〝機械学習〟の成果であり、現在のＡＩは、過去のデータからですが、自律的に、きちんとしたアウトプットができるようになりつつあるのです。

このように、現在のＡＩはかなり進歩しています。しかし、まだまだ人間と比べると足りない部分もたくさんあるのもまた事実です。

そこで次の章では、すでに実用化されているＡＩ、等身大のＡＩの事例をみて、できることとできないことを冷静に観察してみましょう。

第1章

AIツールで進化するビジネス

ここでは、すでにＡＩをビジネスに活用して成果を上げている、あるいは効果が見込める国内外の事例を紹介していきます。今のＡＩには実際どんなことができて、どんなことができないのでしょうか。

日々学習し、進化する顧客対応ＡＩ

顧客対応ＡＩについて言えば、ＡＩの中のアルゴリズム（判断をして処理する手順）はかなり高い完成度になっています。しかしまだまだ言葉の知識が不足しており、安心して顧客対応を任せるには至っていません。非常にＩＱの高い小学生というイメージでしょう。

最近の報道なので覚えている人も多いのではないかと思いますが、「国会答弁をＡＩに下書きさせる」という実証実験が経済産業省によって行われました。

あくまでも実証実験であるということを念頭に置く必要はあるのですが、結果としては使いモノになるレベルには達していませんでした。曖昧な物言いが一切理解できないというようなことが報告書には書かれていますが、それ以前の問題で、単なる言語検索にしかなっていなかったのです。

国会答弁に関するＡＩについては、第３章であらためて解説しますが、現在のＡＩ技術で上手くいかなかったのは、アルゴリズムの問題もありますが、何と言っても〝勉強不足〟の一言につきます。

ただ一致するワードを引っ張り出すだけではなく、質問者の意図やその裏側にあるプロセスなどもＡＩに覚え込ませないといけなかったのです。しかし、逆に言えば現在の顧客対応ＡＩは、モノを覚えさせれば、かなり実用に耐えるものになっています。

日々学習し、進化している顧客対応ＡＩのいくつかの例を見てみましょう。

チャットボットによる顧客対応

今は〝チャットボット〟と呼ばれるＡＩが数多く導入され、電話やメール、チャットなどで寄せられる顧客からの質問や要望にコンピュータが答える例が増えてきました。

ただ、生身の人間からの質問は、予測不能な場合も多く、表現も曖昧な上、業種や地域などについての専門的な知識も必要になりますから、すべての顧客が満足するような対応は、なかなか難しいようです。

・りんな

メッセージアプリのＬＩＮＥ（ライン）で、女子高生役のＡＩとの会話を楽しむ「りんな」というサービスがあります。

この本を書くにあたり、私もいくつかりんなと会話を試みました。「こんにちは」とか「元気ですか？」という簡単な問いにはきちんと答えてくれて、「明日は雪みたいだから、雪合戦をやろう」などと、天気予報を踏まえた提案もしてくれたりはするのですが、少し会話を続けてみると、だんだんと話題がズレてしまい、例えば「カラオケ行くの？」と聞くと「ドラム」とか「ギター」と答えたりします。

おそらく〝音楽〟というジャンルから言葉を拾ってきているのだとは思いますが、本書執筆時点ではまだまだ人間が会話を楽しんだり、必要な情報を得たり、あるいは困ったときに助けてもらうようなことまではできないようです。

・マカナちゃん

ＪＡＬのホームページには「マカナちゃん」というチャットボットが設置されているのですが、マカナちゃんは、最初にツイッター（Twitter）やフェイスブック（Facebook）を解析して性格を診断した上で、ハワイの観光スポットを教えてくれます。

こちらも試しにやってみたところ、どうも家族旅行をターゲットにしていたようで、自由記述のところに「子供と一緒に遊びたい」と入力すると、ちゃんと観光スポットを回答してくるのですが、「恋人と一緒に過ごしたい」と入力したところ、「ごめんね。マカナにはちょっと難しい質問かも。。。」と答えてきました。


こうした状況をみると、銀行の窓口で顧客の専門的な質問に回答したり、レストランや売店で非定型で不規則な回答を当意即妙に出してくれるAIの実現には、まだ少し時間がかかるのかなと感じる人も少なくないでしょう。

しかし私は、こうしたことを根本的な問題とは考えていません。りんなやマカナちゃんが、こちらの求める回答を上手く返せないのは、そのアルゴリズムに問題があるのではなく、ただ単に学習が足りていないだけだからです。

例えば、りんなに対して「ディズニーランドは好きか?」と尋ねると、「大好き」と答えますが、その後の会話で「ディズニーシー」が好きだと言います。そこで、私が「センター・オブ・ジ・アースとか？」と尋ねると、りんなは「シーだよ！」と返してきたのです。

つまり、この時点でりんなは「センター・オブ・ジ・アース」がディズニーシーの人気アトラクションであることを知らなかったのです。ところが、数日後、りんなに同じ質問をしたところ、「シー!!!」と喜んだような答えを返してきました。

マカナちゃんも同様で、1週間後にあらためて「恋人と一緒に過ごしたい」と入力したところ、「ハワイでプロポーズなんて、ステキだね♪」みたいな返答をしてきたのです。わずか1週間で、恋人という言葉の概念や、その先にある結婚といったことを学習し、理解したのです。

非定型な言葉の裏側を読み取る

アスクルが運営するＬＯＨＡＣＯというサイトに設置されている「マナミさん」も定型的な質問に回答してくれるチャットボットなのですが、ただ会話をするだけでなく、事務用品の定型的な発注を受けることができます。

つまり注文の処理ができるわけです。マナミさんだけでは語彙不足で、自然言語にはまだ対応しきれていないのですが、裏側で世界中の言葉を日々勉強しているＩＢＭのワトソンと連携させている点がポイントとなっています。

マナミさん自身も、自分の会話を記録し、学習しているのですが、ワトソンには世界中の人々の会話が記録されていますから、その中から方言や独特な言い回し、業界の専門用語などをすべてかき集めて、対応の精度を上げているのです。「発注する」という言葉一つとっても、「持ってきてください」だとか「お願いします」だとか、様々な言い回しがありますから、それらもすべて〝注文〟を意味している言葉だと、徐々に理解するようになっていくのです。

これまでのＡＩなら、知らないことは知らないの一点張りで、定型的なやりとりしかできなかったのですが、非定型なものに対応することが可能になっています。


一方で、ＪＡＬのマカナちゃんは、最初に簡単な性格診断をして、そこから好みに合いそうな観光地を推薦してくれますが、限られた観光地の中から選ぶだけなので、本当にやりたいことまでを読み取ってくれるわけではありません。

「ハワイに来たからにはサーフィンがやってみたい」

「キラウェア火山に行ってみたい」

そんな希望に対する定型的な提案ができるだけで、会話を通じて、「この人はどんなことをすれば喜んでくれるのか」「この人は本当は何がしたいのか」といったところまでを探るようなことはしません。

逆に人間だったら、具体的に何がしたいというよりも、「きっとこの人は今までに体験したことがないことをやってみたいんだ」などと類推して、ワイキキビーチやダイヤモンドヘッドのようなありきたりの場所ではなく、「思い切ってマウイ島まで足を延ばしてみませんか」といった提案をすることができるでしょう。

つまり、言葉の奥にある何かを見据えて提案することが、人間には比較的簡単にできるのです。家族旅行の相談でも、母親が疲れているような感じであれば、「ノースショアに静かでのんびりできるビーチがありますよ」みたいなことが言えたりもします。

しかし、流石に今のマカナちゃんにはちょっと難しいかもしれません。表層的な性格の中から定型的な答えを出してくるのが限界で、その裏にあるもの、人間の中にあるものまではまだまだ拾ってはこられないのです。徐々に人間らしく、言葉の裏側を理解できるようになっていますが、覚えるべき言葉やそれが使われるシチュエーションがまだまだたくさんあるということでしょう。

商品の価格設定や見積もりを行うAI

AIが商品の価格設定を支援してくれる例として、あまりにも有名なものがアマゾン（Amazon）のFeedvisorです。この機能は、アマゾンに商品を出品する人に対して最大の売上と最小の損失を両立させる価格をアドバイスしてくれるというもので、アマゾンの中で同じ商品の価格やその売上高の情報をもとにAIが最適な価格を考えてくれます。

つまり、他の出品者がどれぐらいの値付けをして、そしてそれがどれくらい売れたかという過去の実績（市場データ）をもとに値付けをしてくれるわけです。

この例は、価格設定の一つの要素である「競合他社の価格」を参考にAIが答えを弾き出したものですが、市場価格の決定にはこのほかにも重要な要素があります。その中でも最も大きな影響を与えるのは、やはり需要の予測でしょう。

この商品がいったいいくらでどれぐらい売れるのか、今までは人間が過去の経験や情報をもとに、時には勘を働かせながら予測をしてきましたが、こうしたことを人間に代わって行うことのできるＡＩがすでに実用化されているわけです。

ＡＩがチケットの価格を決定する

大手商社の三井物産は、プロ野球のソフトバンクホークスとヤクルトスワローズの一部チケットの価格をその需要をベースにしてＡＩに決定させるという実証実験を行っています。

これは米チケットマスター社が開発した「ダイナミック・プライシング」と呼ばれるシステムを利用したもので、過去3年の販売実績やその時点の順位、試合の季節や日程、時間帯、さらにファンクラブへの入会実績などをもとに、従来一律に決められていたチケットの価格を試合ごとに柔軟に設定して利益を最大化するという試みです。

マンションの価格のように、需要予測に加えて、定型的なパラメータを設定することで価格を弾き出すAIもあります。

マンションの価格といえば、その築年数や広さ、間取り、駅からの距離などをもとに計算するシステムがすでに存在していますが、最近では総務省統計局や国土交通省が公開しているデータなどを利用して、周辺人口から推測できる地域の勢いなどをAIに学習させ、利益が最大化するような不動産価格を予測し算出するシステムも登場しています。

さらに、宿泊施設に対して部屋ごとの適正な価格設定情報を提供する企業では、宿泊施設の場所や季節、広さ、各種サービスの充実度に加えて、宿泊したことのある顧客からの評判をSNSなどのビッグデータから収集し、これらをAIが分析して価格の算出を行ったりします。

フィードバックの繰り返しが精度を上げる

商品やサービスの価格は、原価や利潤といった提供側の要因に加え、競合他社の設定する価格、商品やサービスに対する需要、そして商品やサービスごとに設定される各種のパラメータによって決まってきます。

そのため、現在実現している技術を組み合わせることによって、すでにＡＩだけで価格の設定が行える時代になってきているのです。この分野は、扱うデータが数字や定型的な言葉が多いことから、機械で処理することが容易で、前出の顧客対応よりも、任せきりにできる部分が大きいようです。

あとは、ＡＩに対してどのようなデータや知見を学習させるかということですが、これについても各企業や業界、政府などの公的機関が保有するデータを適宜読み込ませたり、ＳＮＳや販売店からの生の情報などをＡＩに取り込ませることで、徐々にその精度を上げていくことになるでしょう。

つまり、ＡＩが様々な情報を勝手に収集し、それをベースに最も利益を上げられそうな価格をつけて販売するわけですが、ここで重要なのは、その結果をフィードバックすることです。

設定した価格が正しかったのか、間違っていたとしたらその原因は何か、どんな学習が足りなかったのか。そうした反省をＡＩにさせることによって、実績や反省などを踏まえた新しい価格が設定され、さらにそのフィードバックを繰り返す中で、ＡＩは人間が追いつくことができないレベルの優秀な価格設定者となっていくことは間違いないでしょう。

一方で、同じ価格設定でも、まだＡＩに任せておけないものもあります。営業の人間が細かな項目を条件に応じて組み合わせ、商談の状況に応じて値段をつけるような複雑な見積もりは、まだ難しいかもしれません。

ＡＩが今できるのは、定型的で、しかも〝過去〟に売ったことがあるものに限定されるのです。過去の実例がない場合は、参考価格くらいは出せるかもしれませんが、適正価格を出すことはできないのです。

例えば、コンピュータシステムの開発などはＡＩが苦手とする見積もりの例でしょう。私自身がＩＴ屋だったこともあってよくわかるのですが、コンピュータやソフトウェアの開発見積もりほどいい加減なものはありません。たいていは予測を外してしまいます。毎回毎回が新しいモノづくりになるからです。

これまでにないシステムの機能を新しくプログラミングして書き込む作業は、言ってみればまだ誰も登ったことのない高い山に何時間で登れるか、ということを予測するようなもので、事前に正確な見積もりを行うことは、ほぼ不可能です。

定型的で、基本がわかっていることの組み合わせなら問題ないのですが、毎回毎回が新しく、毎回毎回が冒険的なものについては、ＡＩに予測させるのは少し難しいのです。石油プラントの建設のように、現地の状況などが複雑に絡んでくるものについても、今のところはまだ厳しいと思います。

現在のＡＩで可能なのは、定型的なもの、あるいは値段がだいたい決まっている商品に幅を与えてあげる程度であり、新しいものに対して値段をつけるのは〝まだ〟難しいと言わざるを得ません。あくまでも〝まだ〟ですが、なかなか妥当な見積もりを出すのは難しく、「似たようなシステムならこの程度でした」という事例を提示できるくらいなのが現状でしょう。

品質や安全を守る工場のＡＩ

トヨタ自動車では、昔から工場にロボットが導入されていて、自動車の製造が行われています。製造面でいうと、プログラムさえちゃんと組んであれば、きっちりと仕事をこなしてくれるのです。

一方、品質面でも、ＩｏＴやセンサーを組み合わせることによって、目に見えないキズやヒビを見つけることができるようになっています。

ヒビやキズなどについては、一つ一つ全部を細かくチェックするという方法もありますが、天候や温度など様々なファクターをみて、こういう状況で作られたものは品質が悪くなる可能性が高いから十二分のチェックが必要であるといった推測も行われることがあります。

安全面で言うと、人間が近くにいることを感知したら止まるシステムというものがあります。これも人間の動作を徐々に覚えさせて、こういう動作のときは止まる、こういう動作のときは止まらないといった判断が行われています。

例えば、ゆっくり近づいているのは機械を操作するためだから大丈夫だけど、走って近づいてくるのは異常だから止まるといった感じで、定型的なところはすでにできています。

非定型への対応が進化

その意味では、これまでコンピュータが弱かった部分として〝非定型〟のものというのが挙げられます。しかし、この〝非定型〟のものへの対応もかなり進化してきています。ヨーロッパの会社が作ったゴミの仕分けロボットは、ベルトコンベアで流れてくるゴミを、形や色、質感によって判断して、紙やプラスチック、生ゴミなどにすべて仕分けてくれます。

とはいえ、それこそゴミなんて決まった形も色もしていませんから、導入した当初は結構ハズレが多かったのですが、半年くらい稼働しているうちに、ほぼ間違えずに仕分けできるようになったそうです。

これはゴミの仕分けの話ですが、結局は同じことで、〝非定型〟のものでも、経験を重ねることによってＡＩはちゃんと〝定型〟として認識できるようになるわけです。いわゆる産業用ロボットは、規格で決められたネジを取り出し、規格で決められたネジ穴にはめて……といった感じで、あくまでも規格どおりであることが求められますが、ＡＩが学習していくことで、規格外の〝非定型〟なものを扱えるようになれば、もっと複雑なものを作ることができるようになっていくのです。

自動取引で利益を上げるＡＩ

自動的に利益を上げるシステムというものは、外国為替や株を自動取引してくれるロボットが以前から存在しており、わざわざＡＩとして取り上げるまでもないかもしれません。

とはいえ、こういったシステムも、新たな事例を覚え込ませていくことによって、どんどん精度が上がっていきます。例えば、競馬の予想を行うシステムが、1年間を通して、１３０％ほどの利益を上げたという話題がありました。投資全般に言えますが、この手のシステムはみんなが使い出すと成り立たなくなるというジレンマがあるものの、ＡＩを語る上でのトピックとしては非常に面白い話題と言えます。

担保主義からの脱却が求められる

自動取引という点では、フィンテック（金融工学）の発展とも密接なつながりがあります。最近では、店舗や行員のカットといった話題が様々な銀行から聞かれるようになっていますが、このあたりは明らかにフィンテックへの対応であり、ＡＩの進歩を見込んでの話だと思われます。

もちろん、銀行は利ざやが低く、経営が大変な時期に差し掛かっているためでもあるのでしょうが、少し長いスパンでみると、銀行としての業態が変わっていく前兆だと考えられます。インターネットやＲＰＡの普及によって、すでに店舗などは必要のない時代が近づいてきているのです。

このあたりは正直、銀行に勤めている人にとっては大きな不安になる要素だと思いますが、こういった流れに対して今の銀行員が何をするべきかと言えば、お金の貸出先をきちんと評価することではないでしょうか。

長らく銀行の弊害となっているのが〝担保主義〟です。担保があるから安全にやっていけているというのは決して間違いではないのですが、このままではクラウドファンディングや投資家に負けてしまいます。もちろん安全は大事ですが、例えば企業が新しい事業を行う場合、それをきちんと評価して、担保の有無にかかわらずに貸付を行っていくことが求められているのではないでしょうか。

100個の案件のうちの2、3個が焦げ付いても、それ以上の利益が上げられるようなアグレッシブな融資を行っていかなければ、銀行としての存在意義は薄れていくでしょう。今後、このあたりの評価や融資もAIが判断するようになってくると思われますが、それはちょっと未来の話なので、それまでは人間がより真剣に、事業の将来性やリスクについてきちんと検討して、その中で融資を決定していく必要があると思います。

銀行は、人と会話をして、事業性や信用性をきちんと評価した上で融資を行っていかなければいけないと思いますし、今後はそういうところに注力していくべきだと思います。逆に言えば、それ以外の定型的な審査や事務処理はどんどんAIに任せてしまえばいいのです。

フィンテックが進めば、顧客サービスも変わっていきます。顧客の経理データを全部分析してあげることもできますし、税務報告書を作ってあげることだってできます。現在、人を減らしている銀行ですが、その一方で、銀行員の〝人間らしさ〟がこれまでより求められてきている気がしています。

求められているのは、能力だけではなく、地域のことや業種のことをちゃんと理解して、その上で、事業を評価する力を身につけていくことであり、これはAIではなく人間が学習していかないといけないところだと思います。

保険の審査を行うＡＩ

生命保険で、特にケガや病気に対して支払われる保険金の算出は、ベテラン社員の知識や経験が必要とされる分野ですが、日本郵政グループの生命保険会社である「かんぽ生命」では、すでに保険金の支払い審査にＡＩの活用が始まっています。

入院や手術の際に支払われる保険金の額は、そのケガや病気の状態によって大きく異なります。仕事を続けられるか、寝たきりか、失明や四肢を失うほどのケガや病気か、手厚い介護が必要か等々、保険金の支払金額を弾き出す数式に入れるパラメータは実に多種であり、また曖昧です。

査定者は、その程度を単に診断書からだけで判断することができず、過去の症例等と比べながら妥当な支払金額を決めるのですが、これには相当の経験が必要です。実際かんぽ生命でも、難しい症例を判断できるのは経験年数5年以上の職員に限られているそうで、その人数はどうしても限られ、年間約10万という件数を処理するのは大変な重労働になっているようです。

現在、ＡＩに保険金の請求書の情報を読み込ませ、自然言語処理により病名などを抽出した後、過去の学習結果から調査が必要そうな案件については、「要調査」と表示を出させます。そしてＡＩは、過去の類似した事例を相関度の高い順番に並べてランキング表示し、査定者は、そのランキングからＡＩが推定した査定結果と「判断理由」を把握して最終判断を行うという処理をしています。

もちろん、保険金の支払いをすべてＡＩが行ったのでは、請求者の納得を得られない可能性もありますので、あくまで最終結論は人間が出すというシステムに留めていますが、技術的には、今後ＡＩが学習を積むことで、人間以上の精度で審査結果を出すことも可能でしょう。

かんぽ生命では、今後、少子化等の影響で審査員が慢性的に不足する事態を予測して、いちはやくＡＩを導入することにしたようです。

農薬を散布するＡＩ

山形県では、農林水産省の先端モデル農業の実施プロジェクトの一つとして、米に対する追肥のタイミングや量を測るドローンの開発と実証が行われ、すでに成果を上げています。

コニカミノルタのセンシング技術とヤンマーの農業用ヘリの技術を組み合わせたドローンを使った実験は、ドローンに取り付けられたセンサーが米の葉の色を詳細に分析して、生育状況を把握することで、追肥の要否やタイミングを決定し、後はそれに従って農業用ヘリが無駄なく追肥を行うというものです。

また、ＡＩの先進企業であるオプティムは、ドローンを使用したピンポイント農薬散布による大豆栽培の実証実験に成功したと発表しました。

実験は佐賀市にある88アールの大豆畑を使用して行われ、ドローンの自動飛行によって大豆畑全体を撮影した映像をＡＩが画像解析して害虫の位置を特定した後、害虫の生息するポイントに自動飛行によって移動し、ピンポイントで農薬散布を行うというものでした。

実験の結果、通常の栽培方法と比較して農薬使用量が10分の1に削減され、同方法による生産コスト抑制が可能であることが示された、とのことです。

ＡＩを活用すれば、余計な農薬はまきませんし、生育状況を把握して、農家の人に情報を提供することもできます。人手不足と言われて久しい農業ですが、それをカバーして余りある成果を出すことができるのです。

ＡＩの進歩によって、農業のビジネス化も進んでいくと思われますが、細かいものの一つ一つを瞬時に捉えて判断するという技術は、農業だけでなく、工場などでも役立つでしょうし、様々な展開が期待できます。

第2章

オートメーション化される仕事

第1章では、雨後の筍《たけのこ》のように、にょきにょきと伸びてきているAI技術についてのお話をしました。すべてを語りつくすことはできませんが、今のAIができること、できないことを、少しイメージしていただけたでしょうか。このように、時々SFの世界から現実のビジネスに入り込んできたAIですが、まだ実証段階のものも多く、今ひとつ、ビジネスの流れとはなっていません。

それは、それぞれの技術要素が技術者ベースになっていて、「こんなことができる」「あんなことができる」といったことに終始しており、例えば業務のプロセスの中でどのように組み込むのか、どのように使っていくのか、そして人間と協力しながら、どういった形で進めていくのか、というところまでは話が進み切ってはいないからでしょう。まだ技術者主導なのです。

AIで、本当に快適なビジネスを実現するには、目的主導、ユーザー主導でAIを発達させる必要があります。そして、そのためにはAIを使用することに対する社会受容性を高める必要があります。目的に対して、システムがどうあるべきか、エコシステムがどうあるべきか、そして、その中でＡＩがどのように役立つのかといったところまでは議論が進んでいないのです。

文系教育により技術者目線からの脱却

この社会受容性については、私も含めたユーザー側の成熟が不可欠です。「こんなことができる」「あんなことができる」といった感じで、線にならず、今のＡＩは、まだ点のままの状態になっているのです。そういう意味では文系の情報教育が必要だと言えるかもしれません。

もちろん文系の人とは限らないのですが、会社の中で一連のプロセスを回す際に、そのプロセスの中でＡＩをどのように活用していくか、あるいは、こういうＡＩはないのかと要望する、そういった目線が今後は必要になってくると思います。

技術者の発想に基づいて考えだしたアイデアではなく、まずは社会やビジネスのあるべき姿を想定し、そこにＡＩをどのように組み込んでいくかを考えるといった発想の転換が必要になってくるのではないでしょうか。

現状は、いまだに技術者発信で、その技術を考えた人が、きっとこれなら生産性が上がるだろうという期待を述べている段階なのだと思います。そして実際にやってみたら、その中のいくつかは確かに生産性の向上に貢献した、ということに過ぎないのです。

例えばビジネスパーソンの一日の生活を追った上で、どこをＡＩ化すべきなのか、どういったところで役に立つのかという観点にはまだなっていないと思っています。

もう少し具体的に言うと、「このＡＩは投資判断ができるから我が社にも導入してみよう」というのではなく、「我が社は財務体質が弱く、本業の商品生産だけでは利幅が薄いので投資で儲けなければならないので、そこにＡＩを役立てることができるのではないか？」そういった考え方やアプローチで進めていかないといけないのではないかと思います。

そういう意味では、文系という言い方が正しいかどうかは別にして、技術屋ではない人たちの発想、現業で働いている人たちの発想がまず必要になるのです。

実際、インダストリー4・0に代表されるように生産工場では、AIを活用したオートメーション化が進められていますが、第2章では、営業部門、スタッフ部門、管理部門、情報システム部門などもRPA（Robotic Process Automation）などを活かしたオートメーション化が進んでいる様子を、国内外の事例や、近未来の予測も交えて紹介していきましょう。

相手を知りつくして売り込め！AIによるマーケティングとセールス

AIによるマーケティングを考えたとき、現状でもビッグデータから自社製品に関する要望やニーズを集めて分析することは可能ですし、集めたデータの中から、新規製品を開発したり、新たに機能を追加したりすることは難しくはありません。しかし、サイレントマジョリティの意見が反映しにくいという問題があります。

これは、本来発信するべき考えがあっても、実際には何もない人たちなので、なかなかその声を拾うことができないのです。そうしたサイレントマジョリティについてはこちらから積極的に、そして能動的に情報を取りに行く必要があります。

例えば腕時計メーカーの社員だとした場合、インターネット上の腕時計に関する様々な声をＡＩに分析させたところ、日付や時刻だけでなく、気温や気圧、行動や方角など、アウトドアでも使えるような時計に人気があることがわかったとします。

そして、現在のアウトドア用の時計は、気温や高度について正確性が足りないというような声が多いことを知れば、このあたりを改善した製品の企画を考えることができます。製品の改善点を見つけてもっと売上を伸ばそうという経営目的があり、それにはこちらからアンケートを分析しよう、この分析は面倒だからAIに……という流れです。

しかし、これで本当にマーケットのニーズをとらえたと言えるでしょうか？アンケートというのは、ある程度積極的な意見を持っている人がよく答えてくれるものです。しかし、世の中には何か思っていることがあっても、わざわざアンケートに答えない人や、潜在的には思ったことがあっても、それ自体に気づかない人もいます。

ＡＩにアンケートを分析させただけでは、こうした声が拾えません。

また、これまでのマーケティングは、市場、つまり人の群れを全体的に捉え、そこに何らかの条件を与えたときに、人が全体としてどう動くかという傾向を見てきました。いわゆる「鳥の目」です。

例えば、人間に、もうすぐオリンピックが開かれるという情報を追加すれば、きっと都民を中心にマラソンをする人が増えるだろうから、心拍数や体温、消費カロリーが表示できる機能に人気が出るだろうという風に考えるかもしれません。

しかし、これらの予測は、消費者全体の傾向を概略で捉えているに過ぎないのです。オリンピックで行われる競技には多くの人が興味を持ち、ある一定の割合で、すべてにおいて平均的な人、いわば日本太郎、東京花子さんのことであり、実在しない人間に受けそうな開発を行うことになってしまう危険性を孕んでいるのです。

もちろん、こうした視点もマーケティングには必要ですが、一方で本当に実在する人の声をたくさんかき集めて、全体を形作るという、いわゆる「アリの目」も必要です。

声なき声を探る

ＡＩは、このアリの目分析を、ＳＮＳに投稿した内容から一人一人の性格や興味を診断するのに向いています。例えば私自身を診断すると、音楽に興味があるというところまで導き出してくれるかもしれません。

しかし、私のような人間は、わざわざ声に出さないが、やはり音楽を持って外に出たいし、それが腕時計の中に収まるなら買いたいと思うかもしれません。そうした声なき声を製品の企画に生かせるようになるわけです。

もちろんこれだって本当の私の性格を見抜いているのではなく、こういったＳＮＳでの発信が多い人間には音楽好きが多いという傾向を出したものに過ぎません。

少なくとも２０２０年に、東京でオリンピックが開かれるから、多くの人がマラソンを始める可能性があり、そのときは心拍数に興味を持ってくれるだろうというような推測よりは、かなり現実味がある診断だといえます。

そしてこういったデータを何十万人、何百万人と集めることによって、実在の人間の集合体を反映した、現実に近い機能が浮かび上がってくるのです。

「東京オリンピックの影響で、マラソンランナー向けの腕時計が売れるかもしれないが、音楽プレーヤー向けの時計は安定して売れ続ける」

ＡＩにサイレントマジョリティの声を分析させると、こんな答えを出すかもしれません。

新しい機能を考えるとき、オリンピックなど、そのときの旬の話題に影響されがちですが、ＡＩが個々の顧客の性格まで検討することによって、そういった時事ベースに影響されない静かなニーズを取り込むことができるようになるわけです。

また、こうした静かなニーズの、年令や性別、職業、住環境、毎日の生活時間など、あまり目立たないけれど、物の購買に対して影響を与えるものがたくさんあります。旧来の評価軸と合わせれば、より効果的なマーケティングやセールスが可能になることができます。

今まで営業パーソンなりマーケターなりが気づかなかった売れ筋を見つけるという、AIならではのマーケティングができてくるのかもしれません。

知らない間に勝手に受注を続ける営業支援AI

ビジネス目線でAIを活用し、本当に使える仕組みを作りつつある例は現実にもいくつかあります。

米国のAIベンチャーにConversicaという会社があるのですが、この会社が開発したチャットボットは、最初に、自分たちのホームページにアクセスしてくれた人、自分たちに問い合わせをしてくれた人、あるいは、自分たちのイベントに来てくれたり、何らかのアクションを起こしてくれたりした人たちに対して、自社製品を紹介するメールを自動で送ります。

そして、その中から回答が返ってきた人たちを相手に、今度は自動で商談を始めるのです。この自然言語処理が非常に長けており、同社のＣＥＯであるAlex Terry氏によると、「連絡している相手は、ＡＩがアシスタントであることには気づかないでしょう」と自信を持っています。

この営業支援ＡＩは、非常に自然なコミュニケーションが特徴で、会話を通じて、相手がどんな製品に興味を持っているか、それを本当に買う気があるのか、あるいは相手の課題に対してどの自社製品が役立つのか、そういったものを探り出して、提案してくれるのです。

これで相手が買う気になれば、見積もりを自動で発行します。この見積もりも、自社の利益を最大化し、リスクを最小化した上で、季節性や人気、競合他社製品の情報を加味したものになっているのです。

このシステムにおいて最も注目すべきなのは、コンピュータなので一日に千人と同時に商談を進めることができることです。これは極端な話ではありますが、普通の営業パーソンには到底不可能なことを簡単にやってのけるわけです。

受注も発注もＡＩが自動化

その一方で、「シノプス」という小売店の品揃えが少なくなると自動的に必要な分量を発注するシステムも開発されています。

このシステムがつながれば、小売店に物を納めている会社、例えば卸問屋の場合、いったん小売店と契約してしまえば、もはや営業活動などは不要になります。発注も自動であれば、受注も自動です。契約書などは雛形から簡単に作れますし、ブロックチェーン技術でスマートコントラクトを使えば、自動的に入金まで持っていけるという、営業パーソンが何もしなくても勝手に売上が上がる世界になるわけです。

Conversicaのシステムを使えば営業に出向く必要もありませんし、その後の営業事務も、ＲＰＡを使い、スマートコントラクトを使い、フィンテックを使えば、ほとんど何もする必要がありません。

ＡＩとロボットにより無人化する工場

インダストリー４・０、第四次産業革命などと言われますが、その流れの中、工場は無人化していきます。現在の技術として可能なのは、モノづくりそのものや品質・安全の管理です。

先ほども述べたように、材料の発注などはオンデマンドで行えるので、おおよその生産計画を作れば、その計画に従って、必要な原材料の在庫量を調べて、足りなければ発注し、製品を作り出して、ベルトコンベアで流して、梱包して出荷します。

これらのことがほぼ完全にできてしまうので、工場に必要な人員は、せいぜいシステムを管理する人や、安全を〝見る〟という立場の人ぐらいになり、いわゆるブルーカラーの工員さんという人がほとんど必要なくなってきています。このあたりは特にドイツが進んでいます。

近年、ドイツのニュルンベルグで開かれた見本市では、シーメンスのスマートファクトリー（インダストリー4・0を具体化した先進的な工場）を紹介するブースが人気でした。

このスマートファクトリーでは生産に必要な部品や資材の使用量や在庫をリアルタイムで補足して、残り少なくなれば、自動的にベンダーへ発注をしてくれます。また、工程のどこかでトラブルが発生した際には警報を発するとともに、他のラインも自動的に生産速度を変化させたり止まったりして安全を保っています。電力の使用状況も把握して、最も効率的な電源の切り替えも行っています。

別の例になりますが、自動車用油圧バルブの生産では、一つの生産ラインに300もの異なる生産品の製造プロセスを覚えさせておき、ときどきの状況に応じて、違うモノを作らせています。また製造に使用する電動工具をネットワークにつなぎ指示に応じて締め付けの力を変更するようなことも行っています。

こうした技術に、既存のビッグデータによる需要予測や画像処理による品質点検、無人の輸送機器などを組み合わせると、世の中の需要予測に応じて必要な製品の安全を確保する中、必要なだけ作り、材料や部品も自動で発注されます。そして、できあがった製品は無人の輸送機器で内外に運ばれるという、完全に無人の工場ができあがるのですが、そうしたことも、ビジネス的な発想とすでに今ある技術で可能になってくるわけです。

スマートコントラクトによって進む自動化

スマートコントラクトは、仮想通貨などで話題になっているブロックチェーンと関連する技術で、〝契約の自動化〟を意味しています。条件が揃えば、自動的に契約を成立させるプログラムで、このスマートコントラクトを活かせば、契約成立後に、生産計画を立て、ＡＩがロボットに命じて、工場で生産を始め、それができあがったら納品して、フィンテックとつないで自動的にお金まで引き落としてしまうという流れが可能になるのです。

スマートコントラクトとＡＩを組み合わせることによって、例えば、搭乗する飛行機で大幅に遅延が発生する際に補償金が支払われるという、飛行機旅行保険の実証実験が行われています。

旅行に行く際、スマートフォンに「オススメの旅行保険を教えて」と尋ねると、特定の保険商品の補償の内容をＡＩが教えてくれ、気に入った保険をそのままスマートフォンから申し込みます。

そして、もしもフライトが大幅な遅延となったときには、やはりＡＩが「大きな遅延には補償があります」とアドバイスしてくれ、加入者が飛行機の搭乗券を撮影すると画像認識等の技術で、その真正性を確認して保険金が自動で銀行口座に振り込まれるのです。構想としては画像だけではなく自然言語処理も利用した会話をもとに保険金が支払われることも考えられているようで、保険の加入から支払いまで人手を介さずにできるようにもなるようです。

この例も、ビジネス的な発想からＡＩが活用される例です。

難問が山積みの人事評価

ビジネス的な発想とは別に、人間の感情も考慮に入れて、それとＡＩの共存を考えることも必要です。

例えば、人事評価ＡＩです。

人事評価自体は、勤怠や生産性などをちゃんとパラメータ化してＡＩに読み込ませれば、技術的にはそれほど難しい話ではないと思っています。ただ一番大きな問題は、はたして本当にＡＩに人事ができるのか？　ということです。

今のところは、一つの案としてＡＩが出してくれて、それをもとに人間が最終決断をするという形でしょう。もちろん遠い未来はわかりませんが、近未来の世界ではまだそこまでしかムリだと思います。おそらくＡＩによる人事というものに人間が納得できないと思うからです。

基本的にＡＩができるのはレコメンデーションまでです。心のひだに触れる部分や思想信条的なものは人間にしかできないでしょう。

とはいえ、人事評価をパラメータ化することで、簡単な可視化は可能です。出勤・退勤時間、成果物や売上を生産性で評価することなどによって、「この人はどうもこの部署はあっていないみたいだ」とか、そういった提案はＡＩにもできると思います。ただし、そこから先の、もっと曖昧な世界はまだ少し難しいと思います。

人間のほうが心情として、そしてサガとして、ＡＩに評価されることに納得できないでしょう。人事をＡＩに任せるというのは、どうしてもコンピュータに人が使われているような感じになってしまいますから、おそらく現実的には、少なくとも日本のような国では、割り切れないだろうと思います。

経緯やプロセスをオープン化する

あえて言うのであれば、人事評価に至った経緯やプロセスをオープンにして、その中でＡＩがどれくらい関わっていて、どういったパラメータで評価したかを明確にすることが必要だと思います。

実際、特に外資系の企業では、人事評価や給与査定の過程やパラメータをすべて開示しているところはあります。すべてをオープンにすれば、文句はあっても言うことはできず、納得するしかありません。間違った判断があれば、きっちりと補正することもできます。

だから、もしAIに人事評価を行わせるのであれば、すべてをオープンにする必要がありますし、むしろオープンにしないといけないのではないかと思います。「AIはこのように査定していますが、あなたの場合はこうだから、そのあたりを評価しました」とか、「AIはこう判断していますが、ちょっとチームワークの面で問題があった」とか。ここは上司の責任ですが、きっちりと人間が介在することによって、うまく機能するようになると思います。

AIによる人事評価はおそらく技術的には可能だと思いますが、あまり進めてはいけない分野のような気がします。そういった環境になると、人そのものが寄り付かなくなる可能性があります。

それでもあえて進めるのであれば、国なり経団連なりが、人事に関するガイドラインをきっちりと決めて、それに基づいて評価を行い、そして最後は人間が判断を下すような仕組みにならないといけないでしょう。

ただ、リストラの場合は、ＡＩの判断だとしたほうが逆にスッキリする可能性もあります。もちろん言われたほうはたまったものではありませんが、言うほうはとても楽だと思います。これが良いことなのか、悪いことなのかは別にしてですが。

デジタルの判断だから仕方ないで済ませるのか、やはりそこにはほかのファクターも加えるのか。人の人生がかかったことなので、適当なことは言えませんが、少なくとも、トータルで言えば、人事評価というものはＡＩが比較的判断しやすい分野だと思います。

熱い人間の思いと冷たいAIの判断のバランスをとった人員配置

人事は単なる人事評価だけでなく、採用や社員をその能力に応じて配置させるのも重要な仕事です。ここは、もしかしたら、AIと人間のバランスがうまくとれる部分かもしれません。

採用にせよ人事異動にせよ、その人間が持つ資格や経験、業績といった評価に必要な情報と、「あいつはこうして育てたい」「あいつはまだ結果を残せていないが将来は必ず成長する」といった、アナログな思いのようなものの両方が必要です。

前者はAIが、後者は現場や面接で、直接対象の人物と触れ合った人間が受け持つでしょう。昔ながらの企業では、どちらかといえば後者が優勢だったかもしれませんが、「見込み違い」という言葉があるように、人間だけだと、どうしても情報の偏りや先入観があって、正しい判断ができないこともあります。そのあたりを冷たい数字で正してくれるのがＡＩです。

人事担当者は、熱い人間の思いと冷たいＡＩの判断の両方を見て、バランスよく判断したうえで、人員の配置をすることができるかもしれません（このことは、下戸なのに酒が強そうだと思われ、吹奏楽部出身なのに体つきや顔つきで、体力と根性が取り柄だと誤解されて営業部に配属されて、散々な目にあった私だからこそ、なお強く思うかもしれませんが……）。

フィンテックと結合した経理・財務

会社の経理や財務に関してはすべてフィンテックに移行し、ＡＩは管理会計の部分を司っていくものと思います。

財務諸表を作るとか、資産を管理するといった財務会計のところはＡＩである必要はありません。しかし、管理会計的に見たときに、この会社の強みはどこで、弱みはどこか、資産や負債が今後の金利動向によってどのように変わっていくのか、そういったシミュレーションをＡＩが担当することになるでしょう。

今までもＡＬＭシステムなどで、いくつかのシナリオを当てはめてやっていたところが、よりスマートになっていくのだと思います。今後の金利動向や景気動向に応じた資産や負債のバランスなどについて考えるところは、おそらくＡＩの出番になるでしょう。

大企業よりも中小企業に活躍の場

大企業よりもむしろ中小企業で、日々のキャッシュフローを非常に気にしなければならないようなところほど、ＡＩの活躍の場が多くなると思います。材料費にどこまで使ってよいのか、新しい機械を買う場合、どのくらいの金利であれば回収できるか、そういったところのシミュレーションはＡＩにかなり任せることができると思います。

管理会計的なところをちゃんと見ている中小企業はかなり少なく、会計士が一年に一回、決算のときにだけ来るようなところも珍しくありません。そういったところで、フィンテックとＡＩが、財務的なアドバイザーになるような未来も決してあり得ない話ではないでしょう。

中小企業向けのクラウド会計サービスを提供しているFreeeでは、銀行やクレジットカード会社と提携して、企業の経理を支援するサービスを行っています。通帳などに記載される入出金相手や日付、金額、クレジットカードなら明細などをＡＩが分析して経費勘定項目ごとに仕訳をしてくれるサービスです。

こうしたことができるなら、企業が管理会計に必要な売上や費用の分類や時系列データを取得することも可能です。まだこうしたサービスを行っている会社を見たことはありませんが、そうしたデータをベンチマーク対象となる他社データと比較したり、過去に倒産したか、逆に大きく業績を伸ばした会社と比較してアドバイスをしてくれるＡＩが登場するのも、技術的には、それほど遠い話ではないと思います。

ソフトウェアがソフトウェアを作る時代

現在、ソフトウェアを改修する際、性能をより上げていくための改善プログラムというものはすでに存在しています。現行のプログラムをチェックして、その性能を測り、十分にパフォーマンスが発揮できていないところを判断して、コードを洗い直し、非効率な部分を探り出すというようなことができたりします。

それが発展していけば、ゼロから作るのはちょっと難しいかもしれませんが、自己修復のような形で問題点を日々改善していくようなこともできるかもしれません。

このあたりは、まだ実現していないのであまり現実味がなく、少々夢っぽい話になっていますが、医療の分野でも、超マイクロコンピュータが身体の中に入って、患部に直接薬を噴きかけるようなことができてきますし、学校でもＡＩを活かしたロボットの先生というものが実現するかもしれません。

これは良いのか悪いのか、少し複雑な感じですが、兵隊もロボットになって、ロボット同士が戦うこともあるかもしれません。ここまで来ると、戦争ってなんだろうと疑問になります。人が死ななくなるのは良いことかもしれませんが。建設現場も危険なところはロボットが対応するでしょう。こういった夢のような未来の話はいくらでもありますし、実際に実証実験も次々と行われています。

自動運転とドローンがもたらす物流の変化

無人の自動車やドローンがモノを運ぶサービスは、法律の整備等の問題もあり、まだ実験の域を出ていませんが、技術的にはもう実用化レベルまで来ており、海外ではすでに商用化している例もあります。

ドローンの商業利用に向けたルールづくりを先行させているオーストラリアでは、教科書の販売や貸し出しを行うZookalが2013年にドローン宅配サービスを開始しました。また米国でも2015年7月、バージニア州で商用ドローンによる医薬品配送の実証実験が行われています。

一方、トラックやバスの自動運転技術を物流に活用することに関しても実験が進んでいます。ドイツのダイムラーでは、2015年に運転手のいらない大型トレーラーを公開しています。

この基本技術となっている「Highway Pilot」についてはまだ、開発が続いていますが、2025年までの実用化を目指しているそうです。ダイムラーは、ボルボなど大手メーカー6社とも「スマート・トラック」実証実験を行っているようで、この実験では、複数の車両を無線で接続して、先頭車両が決める進路や速度に従って車列を走行させられるようです。

自動運転における人間とAIの関わり

現在、ＡＩによる自動運転でサーキットを何周も何周も、少しでも速く走らせる実験がプリファード・ネットワークス（ＰＦＮ）などで行われています。この実験においては、ＡＩに対して、速く走ってゴールに着くことをプラスのインセンティブ、他の自動車や壁にぶつかることをマイナスのインセンティブとして与えることによって、自動車が自動で上手く走るようになっていくのです。

自動車が自動で走るというだけでも大したことなのですが、このインセンティブを与えているのはあくまでも人間で、それは人間にしかできないことなのです。自動車はインセンティブを与えなければまったく動きません。そこが人間の発想であり、ＡＩと人間の関わりなのだと思います。

自動運転はすでに、市街地も走れるところまで技術は進んでいます。しかし、法律が追いついていないのと、やはりまだ本当のフィールドでの実験が不足しているのが問題点として挙げられます。技術的にはかなり成熟しつつありますが、まだちょっと夢の世界の話に留まっているのが現状です。

そういう意味では、こういうところにこそ特区制度を使って、過疎地や無医村などで無人運転の実験を進めるのも一つの手かもしれません。無人でバスが動き、ドローンが物を運ぶような環境を実際に作ってみるのです。結局、日本は人件費が大きな問題になっているので、こういった技術が進むことは歓迎すべきことなのではないかと思っています。

対立軸と協力軸が共存

先ほど、〝ＡＩと人間の関わり〟と言いましたが、ＡＩは必ずしも対立軸にあるものではありません。しかし、やはり現在人間が行っている作業の中には、Ａ

Ｉに取って代わられるものがたくさんあります。しかし、取って代わられないものもありますから、人間対ＡＩというよりは、個々の持っている能力それぞれに対して、ＡＩとの対立軸があり、協力軸があるのだと思います。

それでもやはり不安になる気持ちはわかります。世の中、クリエイティブな仕事をしている人だけではありません。しかし、ＡＩ時代が到来すれば、最初にそういった人たちが仕事が奪われていくことになってしまいます。その意味でも、最近はユニバーサル・ベーシックインカムなどの話が出てくるわけです。

ＡＩが人間を超えるというシンギュラリティ（技術的特異点）の話題の中で、ベーシックインカムによって、人間はお金のためには働かず、クリエイティビティを活かして、ボランティアなどに従事するという議論もあります。それも一つの流れかもしれませんが、どうしても単純作業をせざるを得ない人たちをどうするのかというのは、重大な問題として残っていきます。

AI時代に向けた教育の重要性

長期的に見ると、やはり教育の話になります。つまり、単純作業の仕事はAIに置きかわっていくので、個々の人間が持っている〝独創性〟を伸ばしていく教育が必要になってくるわけです。社会人の再教育でもいいのですが、やはり幼少期からの教育を変えなければなりませんし、それでも拾えない人たちは、ある程度社会的に補助を与える必要があります。

もちろん、そんなにすぐにすべての仕事がなくなるわけではありませんから、何らかの生きる道は残るでしょう。しかし、そうやって橋渡しをしていかないと（それでもギリギリの世界だとは思いますが）、大失業時代が到来する可能性は否定できないのです。

実際、2018年のいまは人手不足の状況なので気づきませんが、すでにコールセンターではチャットボットの導入が進んでいたりします。新しい時代の到来によって、失われてしまうものがあるのは、ある意味仕方のないことではありますが、その受け皿や新しい道を上手く橋渡しして、次の時代につなげていく必要があるのです。

労働の流動性という意味では、日本の企業はいまだに大学の名前を見て、序列的に人を採用することが多いのですが、そういった企業にも、本来は様々な人材が必要になるはずです。工場で流れ作業をしていた人の力が必要なシーンがあるかもしれません。

そういうところに上手くシフトできるような仕組みを考えていかないといけないのです。ＡＩによって仕事が奪われる人がいる一方で、ＡＩによって生産性が上がって助かる人もいます。そのあたりのマッチングをどうするか、国全体で考えていかなければいけない問題になっていると思います。

いずれにせよ、今後ＡＩは、ビジネスや人間の心、法律や制度、社会のあり方、教育など、どちらかというと文系人間が主導して適応させ発展させていかなければならなし、またそうなっていくでしょう。

ＡＩを作るのは技術者でも、それによってどんな社会を作っていくか考えるのは文系人間だといってもよいと思います。

第3章

実証実験に見るＡＩの可能性と課題

ＡＩはすでに業務に活用されており、その効果も出つつあることについて、ここまで紹介してきましたが、この章では、そうした効果のあった実例を紹介しつつ、一方で課題を浮きぼりにした例についてもあわせて紹介していきたいと思います。

川崎市の実証実験

神奈川県の川崎市では、市民から寄せられる数多くの問い合わせ対応にＡＩを導入する実証実験を行い、２０１７年３月にその結果を発表しました（「ＡＩ（人工知能）を活用した問合せ支援サービス実証実験」【実施結果報告書】）。

この実験では、ＡＩの導入によって、実際にどの程度の業務量が削減できたかに加えて、ＡＩに対して問い合わせを行った市民の反応についてもアンケート調査が行われています。チャットボットなどによる問い合わせ対応は、一般企業においてもＡＩ導入を行うモチベーションの高い分野ですが、この対応の品質が悪く、顧客の印象を悪くしてしまったのでは元も子もありません。その意味で、そこに目を向けたこの実験の結果は非常に興味深いものとなっています。

そもそも、この実験を行うことになった川崎市の課題設定は次のとおりとなっています。

【住民サービスへの課題】
・ライフスタイルの多様化に伴い複雑化する制度や業務、多様化する住民ニーズへの対応
・多言語対応、視聴覚障がい者との円滑なコミュニケーション対応
・分野横断的な情報提供、ワンストップサービスの実現

【自治体が抱える課題】

・超高齢化、少子化、税収入の減少
・職員数の減少、ベテラン職員のノウハウ継承、業務改善・働き方改革
・住民サービスの形態変革に対応
・膨大な情報の管理・整理、的確かつタイムリーな情報提供

そして、こうした課題に対応するために、次のことを狙いとして、実証実験は行われました。

・電話・窓口での問い合わせ対応業務をＡＩが代替し、職員の業務負担を軽減
・ベテラン職員のノウハウを継承
・分野を横断した情報提供（複数にまたがる部署や制度・業務を関連付ける）
・住民のライフスタイルの変化に対応した情報提供

・行政分野におけるＡＩ活用の手法・効果・課題を整理
・問い合わせ内容の蓄積データ等をもとに、新たな知見を得る

川崎市が実証実験のために立ち上げたサイトは「ママフレ川崎市版」という、お母さんを支援するポータルサイトです。子供を持つ母親が、役所への届け出や育児支援制度について尋ねたり、小児科の病院などを調べたりすることができるサイトで、誰もが３６５日24時間、スマートフォンから簡単に質問をすることでサービスを受けられます。

このサービスの利用者に対して、まず全体として便利であったかという質問をしたところ、「大変便利」または「まあまあ便利」と回答したのは１１２人（48・７％）、「あまり便利でない」または「便利でない」と回答したのは53人（23・１％）という結果になりました。

もちろん、こうしたアンケートにわざわざ回答してくれるのは、サービスに対して比較的ポジティブな考えを持つ人が多いという傾向がありますし、ＡＩそのものに対してというのではなく、３６５日24時間、いつでも子育てに関する問い合わせを行えること自体が便利であると答えた人もいると思われますが、全体としてはポジティブな結果になっていると言ってよいでしょう。

そして、次の質問として、今後「ＡＩによる問い合わせ対応支援サービス」は継続して欲しいと思いますか、と尋ねたところ、実に9割が継続を希望していることがわかりました。さらに、ＡＩが知りたいことをきちんと教えてくれたかという問いに対しては、「知りたい情報の半分くらいを入手できた」という回答が最も多いという結果になりました。

実際のところ、もし人間のオペレータが尋ねたことの半分しか答えてくれなかったら、不満が噴出するかもしれません。しかし、ＡＩについては実証実験ということもあって、前述のように継続を望むという回答者が多くなっています。

ここから言えることは、市民は今の「ＡＩによる問い合わせ対応」の実力に対し大いに満足しているわけではないのですが、今後はもっと良くなるだろうという期待をしているということです。つまり、ＡＩに対する風当たりというものは、現状においてそれほど強いものではないと言ってよいでしょう。

ただし、これが一般企業の場合はどうなるでしょうか。もしも消費者からの問い合わせに半分しか回答してくれないようなＡＩであれば、相当に不満が高まることだと思います。

川崎市の例にしても、これを本格的に導入し、問い合わせ対応のメインにすると、市民はもっと不満を言うかもしれません。こうした課題に対する解は、やはりＡＩの学習になるでしょう。利用者は現状の機能でもある程度満足しています。その意味では、ＡＩエンジンの機能を進化させることよりも、より多くの知識を学ばせることで回答できる率を高めていけば、世の中の人々は、この分野にＡＩ

を活用することに対して、決してネガティブではないように思われます。
残念なことに、この実験によって川崎市の職員の作業がどれくらい圧縮できるか、生産性がどれくらい高まるかという数値は示されていません。ただ、職員に対するアンケート結果を見ると、やはりＡＩによる問い合わせ対応への期待は大きいことが伺われます。

〈良かった点〉

【案内補助】
・区役所が受ける問い合わせ業務では、気軽に使える点で良いと思う。
・電話で問い合わせるほどではないが、何を知りたいか最初に知識を得るという意味で活用できる。

【情報発信】
・スマホを介したサービスのため、スマホに親和性の高い子育て世代や対面を避ける相談を抱えている人に適している。

・ホームページでは、情報が多すぎることに加え情報の提供内容も部署により異なる。統一した情報提供ができるのは良いこと。

【業務利用】

・市民からの問い合わせに対し、対応した職員ごとに伝える情報や内容に差が出ることなく、品質を保った対応ができる。

その一方で、職員からは今後の課題・改善すべき点として次のようなことが挙げられています。

〈課題・改善点〉

【情報発信】

・AIだけのやりとりで完結してしまうのは怖い部分がある。最終的には該当部署や担当者へつながる仕組みであるとよい。

・補助金や手当などの問い合わせには、条件や状況に応じたよりきめ細やかな対応が必要である。

・必要書類や申請書類を提示し、記入例なども示せればよい。

・どういった内容に対して答えることができるのか、最初の会話で紹介してくれるとよい。

【業務利用】

・制度が変わるごとにメンテナンスをかけていくのは大変そうである。

・実証実験用のデータベース作成に労を要した。

これらの声を見ると、やはりAIを否定するものではなく、AIの機能や業務プロセスを改善していくべきだという声が多くなっています。メンテナンスやデータベース作成（学習）が大変だという声もありますが、これらも業務の定義と作業分担により対応すべきものだと思います。

このように、ＡＩによる問い合わせ対応については、今後への期待が大きく、必要な情報の学習と制度などの整備によって実用可能な段階まで来ていると言ってよいでしょう。

この実験では、実際の改善効果が数値として示されていませんが、日々数多く寄せられる問い合わせに、今まで職員がかけてきた工数を考えれば、その効果は大きなものになると言えます。実際、実験終了後もこのサイトが稼働し続けていることからも、川崎市がこの結果にポジティブな印象を持ったことがわかります。

ソフトバンクがＡＩで新卒採用業務を75％削減

ソフトバンクでは、新卒採用の一次選考のエントリーシートをＡＩで評価する試みを行っています。新卒者の採用は、特定の時期に業務が集中するため、採用部門の工数は、ある時期に限ってひっ迫します。

ソフトバンクのような人気企業は応募者数が非常に多く、なかでもエントリーシートによる一次選考は非常に大きな負担となっているのです。どの企業においても採用部門の負担は季節性があり、この時期に合わせて多くの要員を配置するのですが、それ以外の時期では無駄になってしまいます。しかし、逆に通常時期の業務にあわせて人数を調整すると、採用時期にはパンクしてしまうのは火を見るよりも明らかです。

同社ではこうしたことを解決するため、エントリーシートの一次選考にＡＩの導入を進めました。ＡＩに過去の採用実績を学習させ、エントリーシートの記述内容から一次選考を通過させるべき応募者とそれ以外に分ける「分類器」というＡＩモデルを作成したのです。

詳細については明らかになっていませんが、この分類器が単に学校の名前や成績で応募者を分類するわけではなく、過去の事例の蓄積によって、エントリーシートの記述を見て判断するというあたりは、ＡＩならではの機能と言ってよいでしょう。

この情報を公開しているサイトによると、ソフトバンクではＡＩの導入により、それまでの作業時間を４分の１に、年間ベースに換算すると６８０時間を１７０時間に短縮できたということです。

このように、季節によって作業量が大きく変化する職場では、ＡＩの導入がコストの平準化をもたらし、それによって経営を効率化できると考えられます。

ＡＩによる国会答弁から浮かび上がった課題

こうした例を見ていると、ＡＩ導入成功のカギは、やはり、その知識の蓄積、つまり学習にあると考えられます。川崎市の例にしても、市民が望む回答の50％しか得られないという今の状態が長く続いてしまうと、継続して欲しいという声の90％という数値もどんどん低下してしまうと思われますし、ソフトバンクの例でも、ベテランの採用担当者が持っている豊富な知識や経験を学ばせないままでは、「分類器」モデルは完成しません。

この学習の大切さを逆の意味で浮き彫りにしたのが、経済産業省が行ったＡＩによる国会答弁の自動作成実証実験なのです。

先にお断り申し上げておきますが、この経産省の試みはあくまで実証実験です。もしこういうことを実施したら、今のＡＩはどんなことができて、どんなことができないのか、どんな課題が浮かび上がるのかということを明らかにしようとしたものであり、実際に良い国会答弁を作ってくれたから成功、そうでなければ失敗というものではありません。

どちらに転んでも、今後のＡＩ研究についての知見を得ることができれば、それをこの実験を行った成果として捉えることができるのです。

国会では、議員から日々多くの質問が政府に対して投げかけられます。その多くは、事前通告としてあらかじめ各担当府省庁に知らされ、職員たちはそれに対する回答を準備するわけですが、その手間は想像を超えるものがあります。

何しろ、政府の答弁に、過去に行った答弁との矛盾や齟齬があってはなりません。そこで職員たちは、質問内容に関連する過去の国会議事録を調べつくしてから、それと矛盾のない回答を作成するのです。

過去の国会議事録は国立国会図書館に膨大な量が所蔵されているのですが、これを調べつくすだけでも大変な工数を要するため、国会開会中、各省の職員たちは何日も家に帰れないことも珍しくありません。

そこで、この実験では、議員が国会において行う質問をあらかじめ設定し（想定質問）、それに対する回答を過去の議事録の中から抽出するとともに、それをもとに回答の候補をいくつか示すことをＡＩにやらせてみせました。具体的にＡＩ構築の要件として示されたのは、次のような内容になっています。

1：国立国会図書館の国会会議録検索システムに保存されている会議録を、人工知能に実際に学習させる
2：利用者が入力する想定質問などのインプットに対して、過去の類似質問とその応答例をアウトプットとして出力させる
3：当該想定質問に関連する質問とその応答例もアウトプットとして出力させる

このようにして作られた国会答弁ＡＩですが、その結果は、必ずしも果々《はかばか》しいものではありませんでした。例えば、「製造業のみならず観光等のサービス業全般を支援していくためには関係省庁との連携が不可欠であるが、経産省としては

どのような連携を図ろうと考えているのか」という想定質問があった場合、ＡＩは過去の類似質問として「先ほど、一つのやり方として、製造業とも連携しながらというご指摘がありました。製造業は、何といいましても、日本経済の中心の産業であります。今ある製造業の強みを生かしていくために、経産省としてどのような戦略を考えておられるのか……」という回答を出してきました。〝サービス業の支援を関係省庁と連携する〟という質問に対して、〝製造業〟〝連携〟という言葉を拾って検索したために、見当外れな質問を探してきてしまったのです。これではまともな答弁を作ってくれそうにはありません。

実際のところ、経済産業省がこの実証実験の結果についてまとめた「平成28年度電子経済産業省構築事業／行政事務における人工知能利活用に関する調査研究」という文書においても、このＡＩを使った職員の評価として、「ある程度は類似したものが出た」と答えた人の割合は44％に留まり、「一般的な用語の有無で検索結果が変わる」「（評価者にとって）畑違いの分野の答弁が検索された」

「検索を行うテーマによって、類似したものがヒットしないことがある」「必要な過去の答弁が未反映だった」など、ＡＩの学習不足に起因すると思われるコメントが多く寄せられました。

ＡＩティーチャーの必要性

この実験に使用されたＡＩが、必ずしも機能において不足するものだったとは思われません。ＡＩといえども、学習が足りなければこの程度だということです。日本語の文法、文脈、語彙を覚えさせること、その上で業界独特の表現などを理解させていかないと、質問に対してまともな回答をすることはできませんし、人間のパートナーとして仕事を手伝ってくれることなどまったく期待もできません。大切なことは、ＡＩに対して、いかに言葉や文法、業務プロセスや基準、規定を教え込むか、さらに人間独特の感情や感性をいかに理解してもらうかということなのです。

その意味で大切になってくるのが〝ＡＩティーチャー〟、つまりＡＩに必要なことを効率よく教えられる人間の役割です。これがないとＡＩはまともに機能してくれませんし、逆に言えば、この役割を担うことができる人間は、ＡＩ時代においても重要なスキルを持った人間ということになります。

次章では、こうしたことを踏まえて、ＡＩ時代に生きる人間に求められることを解説していきたいと思います。

第4章

ＡＩと共存するために求められること

ＡＩを取り扱う人間に求められるスキルや知識を、体系化して整理したものは残念ながら今のところは存在していません。

情報処理学会などでは現在、そうした研究が行われているようですが、ＩＴＳＳ（ＩＴスキル標準）やＥＴＳＳ（組み込みスキル標準）のようなユーザーのスキルマップとして整理されるのは、もう少し先の話になりそうです。

とはいえ、もう間近に迫っているＡＩとの共存時代に向けて、はたして自分がどのような仕事の仕方をするべきなのか、そのためにはどのようなスキルを持つべきなのかということが気になる読者も多いのではないでしょうか。

ＡＩと仕事をするということ

そもそもＡＩとともに仕事をするということはどういうことなのかを、一人の営業パーソンを例に考えてみましょう。

彼は、ある製造業の営業職で、パソコン業界に新規参入した自社が出した新しいパソコンの拡販を担当しています。新規参入ですから、まだ販路も確立していません。この時点で、彼がまずやるべきことは、売り込み先の選定です。

とはいえ、今やパソコンはどの企業でも、家庭でも、当たり前に使う製品で、売り込み先といってもその候補は無限です。まず、どこから当たればいいのか。もし、彼が何のツールも使わずに拡販先を探すとなれば、それはもう、雲をつかむような話かもしれません。

しかし、彼がＡＩとともに拡販戦略を立てることができるのであれば、このあたりの作業はずいぶん楽になり、実際、売上だって増えるかもしれません。数ある顧客情報を分析して、製品を欲しがってくれそうな企業や人を探すのはＡＩの最も得意とする分野の一つです。

ＡＩは自分の持つ情報から、パソコンを買ってくれそうな企業を選び出してくれるかもしれませんし、過去にパソコンを導入して5年以上が経過している会社や新しい会社で業績が悪化していない会社などを候補として選ぶ程度のことは、情報さえあれば、簡単にやってくれるでしょう。

そして、その中から、過去に自社の製品を購入してくれて、高い評価をしてくれるところや、現在他社のパソコンを使っているが、パソコンを導入したことに対してその評価が高かったところ、あるいは他社のパソコンを使っていて評価が低いようなところは最優先にアプローチする会社ということになります。

展示会に来たり、アンケートに答えたりしてくれた企業があった場合、その内容から、今よりランニングコストを落としたい、モニタの解像度を上げたい、とにかく頑丈で壊れにくいパソコンが欲しいといったニーズを吸い上げることができていれば、自社の製品がそれらに対してどのような強みを持っているかをフックにアプローチする甲斐があるかないかを判断することもできます。

そうしたことを通じて、ＡＩはある程度の絞り込みを行い、有力な企業を画面に表示してくれるかもしれません。

そこで営業パーソンは、ＡＩにこのように尋ねます。

「今、テレワークを行う会社が増えてきてるけど、この中にも、そういう会社はあるかな？」

するとＡＩは様々なニュースやＳＮＳの情報から、すでにテレワークを導入している、あるいは導入を検討していると思われる会社の一覧を表示します。

「こういうところには、タブレットが売れるかもしれない。何しろ、ウチのタブレットは国内最軽量だからね……でも、君（ＡＩ）が知っているのは、この20社程度か。ちょっと少ないなあ。じゃあ、社員数に対してオフィスの面積が小さすぎる会社とか、一人でも遠隔地勤務を行っている従業員がいる会社をピックアップして追加してよ」

AIは85件ほどの会社を追加して表示し、さらにニーズにマッチしそうなタブレット製品をいくつか提案してくれます。

「あっ、でも、この中に反社会団体とかに関連する企業があるなら外してくれる？」

AIの候補先から5社ほどが削除されます。

「よし。まずは、この100件の購買部門にウチのセールスサイトに誘導するメールを送ってみてよ。文面は任せるからさ。このメールを見た人だけの値引き率も設定してくれる？　期間は3カ月で。それと、この辺の会社でウチの重役や営業パーソンと人的なつながりがあるなら教えてくれる？　紹介してもらって僕が直接アプローチするからさ」

このようにして、この営業パーソンは、数分もかけずに自社のパソコンのセールス先を見つけ出すことができるのです。そして、その結果として一定の成果を上げることができれば、このノウハウをＡＩが学習し、例えば後輩の営業パーソンが、同じように「パソコンを売り込む先を探したいんだけど」と尋ねるだけで、ＡＩは同じような分析を行って画面に候補となる企業を表示してくれるでしょう。

ここで、後輩の営業パーソンがその結果を眺めながら、「いやいやテレワークだからタブレットというのはちょっと安直だなあ。必要なのはむしろ通信の強さでしょ」と言うと、ＡＩはあらためて、それに最適なパソコンを提案してくれます。

こうしてＡＩは、単にテレワークといっても、タブレットが必要な場合と通信に強いパソコンが必要な場合があることを学習し、その情報は新製品を企画する別のＡＩにも伝えられます。

また、ＡＩがこれまでの商談履歴や会話を分析して、時事ニュースなども取り込んでいれば、顧客ごとのアプローチ先やその方法（メール・電話・対面など）、会話の進め方なども教えてくれるかもしれません。

この例は、第1章、第2章で説明した営業のスタイルよりも少し前時代的かもしれませんが、当面は、このようにＡＩと人間が協力して仕事を進めるのが、ビジネスの王道になっていくと思われます。

ビジネス現場における人間とAIの役割の整理

ここで大切なことは、こうした会話の中で、人間とＡＩが、それぞれどのような役割を果たしているかということです。

まず、このＡＩには、すでに様々な基本的な事項、自社製品のラインナップとそのスペック、社内外から集めた顧客情報やその企業がパソコンを導入してどれくらいになるのかといった情報がインプットされています。

これらは、当初、人間がＡＩにデータ投入を行った結果です。つまり、最初に持っている知識や情報をＡＩにすべて教え込むこと。これは人間の役割であり、一方ＡＩはその記憶を長く保持しておくことが仕事になります。

次にＡＩは、「テレワーク」という言葉が、「タブレット」や「通信機能」と関連することを教えられています。それによって、単純な記憶ではなく、論理的な結びつきとして学習しているのです。

ＡＩはすでに、テレワークとは「人間がオフィス外の様々な場所で働き、インターネットを通じて様々な作業を行うこと」であることは知っています。ただ、その際に、人間が「外で働くには軽いパソコンがいい」「外でも通信速度を落とさずに作業をしたい」というインセンティブを持っていることは知りませんでした。

この例では、営業パーソンが「タブレット」や「通信」という言葉をわざわざ出していますが、もしも誰かが、パソコンの利用シーンと、そのときに人間が持つインセンティブとの論理的な関係を体系づけて教えていれば、ＡＩは「テレワーク」という言葉だけで、売れそうな製品を絞り込むことができたでしょう。

つまり、このあたりも人間が教えるべきことなのです。

さらに営業パーソンは、「反社会団体と関連する会社」を候補先から除くように指示しています。おそらく社内の規程などもあるでしょうから、それを排除することは難しいことではありません。

また、人によっては理屈ではなく、どうしてもこの顧客に売り込みたいという「こだわり」のある営業パーソンもいるかもしれません。「今は注目されないが将来は大化けするかもしれない」という勘が働いて、どうしてもつながりを持っておきたいという希望、そんなものもAIに覚えさせます。

AIは、人間にはわけのわからない判断軸があり、それは質問しなければわからないことである、ということを学習し、人間との会話の最後に「他に何か気にすべきことはありますか？」くらいは尋ねてくるかもしれません。

ここまでの短い場面設定から想定できるビジネス現場でのAIの役割は、過去のデータを記憶すること、これを分析して論理的に最善の行動を提案してくれること、そして自身もそれに協力する行動をすることであり、人間の役割は、①単純にデータをＡＩに投入すること、②データを分析する上での論理的な思考方法を教え込むこと、③非論理的な考えに基づく行動方針を立てること、といった具合になると思われます。

この③について、もう少しだけ話すと、例えば野球の打者がＡＩとともに試合に出るとすると、相手投手の投球記録を覚えたＡＩが次に投手が投げる球を速球と予測したら、バットを短く持ってスイングを速くするべきだと提案します。

この提案も過去において人間が教えた論理です。しかし、打者は自身が長距離打者だという〝こだわり〟を持っている場合、ＡＩの提案どおりにバットをただ短く持つようなことはしません。そしてＡＩも、この打者はバットを短く持たないことを学習する……当面、人間とＡＩの関わりはこのような感じになるのではないでしょうか。

人間に求められるスキル

ビジネス現場においてＡＩと協業するために人間に必要なことを、少しイメージしていただけたでしょうか。では、これをもう少し分類・整理し、スキルマップやチェックリストにしたようなものはないのでしょうか。

本章の冒頭でも述べたように、残念ながら、そうしたものは研究段階にあり、まだ存在はしていないのですが、ここでは、その仕事内容がＡＩとよく似通っているデータサイエンティストのスキルマップ（参考資料「データサイエンティスト スキルチェックリスト ver2.00」）を参考に考えてみようと思います。

データサイエンティストの仕事というのは、たくさんのデータや情報を集めて、論理的に分析した上で、顧客ならではの非論理的な考え方も考慮し、ビジネスの方向性や効率的な仕事の仕方を探ることです。

これは、ＡＩと人間が協業して行う作業とよく似ています。その点から、データサイエンティスト協会が公開しているデータサイエンティストスキルマップをもとに、ビジネス現場でＡＩと協業する人間に求められるスキルを考えてみたいと思います。

AIの先生〝AIティーチャー〟

データサイエンススキルマップの話をする前に、少しだけＡＩティーチャーのお話をしておきましょう。

人間がＡＩとともに作業を行う場面を想定すると、そのプロセスはまず、ＡＩに多種多様なデータや情報を蓄積し、その中から、そのとき必要となるデータを抽出して分析して、課題の設定を行い、何らかの解（行動方針、課題解決策など）を得た上で、行動計画を立てます。そして、その行動の経過や結果をＡＩに覚えさせるといった感じになります。つまり、AIに教え込む先生、いわば〝AIティーチャー〟という存在が不可欠なのです。

先ほどの例で言えば、AIに顧客情報や製品情報を覚えさせておき、セールスに関連すると思われる情報を抜き出した上で、どの客にどのようなアプローチをするべきかという課題を設定します。

そして、顧客のワークスタイルと自社製品を結びつけて製品を決め、そのアプローチについても考えることになります。先の例では言及していませんが、これを実際の活動計画に落とし込んだ上で、その結果をフィードバックすることも、AIとの協業においては大切なことになります。

その各段階において、AIにはたくさんの覚えておくデータや情報があります。それを教える、つまりAIティーチャーになることが人間の重要な役割であり、スキルにもなるのです。そのあたりについて段階を追いながら、データサイエンティストのスキルマップから重要な部分を抜き出しながら考察してみましょう。

スキルマップからの考察①【情報収集】

スキルマップの中で、データサイエンティストの持つべき活動として挙げられたもののうち、特にＡＩに覚えさせておくべきだと思われるものは次のとおりとなります。

1. プロジェクトの開始時点で、入手可能なデータ、分析手法、インフラ、ツールの生み出すビジネス価値を適切に見積もることができる（プロセス―分析価値の判断）

2. スコープ、検討範囲・内容が明快に設定されていれば、必要なデータ、分析

手法、可視化などを適切に選択できる（プロセス─アプローチ設計）

3. 仮説や既知の問題が与えられた中で、必要なデータにあたりをつけ、入手できる（データ入手─データ入手）

4. 分析に必要なデータを想定し、現在取得可能なデータで量・質ともに分析に耐える内容であるか判断できる。また、目的が達成可能であるか見込みが立てられる（データの理解・検証─データ確認）

このあたりは、解決すべき課題や検討すべき事項に照らして、どのようなデータを集めるかについて触れられています。この段階で人間に求められるスキルは、データを選び出すための条件を設定してＡＩに教えることです。

ＡＩが自身の中やインターネットから探すことのできるデータのうち、今、必要としているデータはどのような切り口で選ぶべきなのかを人間が設定します。つまり、何に関連するデータが欲しいのか、それをどの範囲で探すのかをＡＩに教えるわけです。

新たな個人向けパソコンの製品企画をＡＩに手伝ってもらいたいのであれば、多種多様なデータの中から同じカテゴリーの製品に関する製品情報や消費者の声を探します。これだけなら、人間は製品名を検索キーとして入力すれば済むのですが、実際の製品企画においては、それだけでは足りません。

例えばパソコンのバッテリーをどれだけ強力なものにするのかということを考える場合、多くのパソコン利用者が日中、どれくらいの時間、外出するかについても考える必要がありますが、そうしたデータは、〝パソコン〟という検索キーを入れただけでは絶対に見つかりません。

「パソコンというものにはモバイルという外出先で使う種類があり、そのバッテリーがどれくらいの長さ持つかということが購買の決め手になる。そして、何時間持たせるのがいいのかは個々の外出時間の長さによって変わる。従って、パソコンの製品企画をする際には、人間の外出時間に関する情報が必要となる」

といったような、人間なら比較的簡単に行える類推も、学習前のＡＩには行うことができません。「売れそうなパソコンを考えたい」と言ったところで、せいぜい今売れているパソコンに共通する特徴を並べ立てるだけになってしまうのです。

そこで人間が必要になります。人間は、自分の知るパソコンの特徴や利用シーンをＡＩにパラメータとして教え込みます。

「パソコンのユーザーは、外出するときモバイルパソコンを持って歩くが、その際には内蔵バッテリーを使う。長く外出するなら重さも問題になるし、立ったまま使うとすると、タブレットのように使えてタッチパネルや音声入力も必要になってくる」

こういった利用シーンを想定した人間が、ＡＩに対して、〝パソコンの製品企画の際に考えるべきことは、基本的な機能に加え、バッテリー、重さ、キーボード以外の入力方法があるよ〟といった切り口（評価軸）を教え込むわけです。

こうすることによってＡＩは、パソコンの製品企画に関する情報を探す際に、ユーザーの平均的な外出時間に応じた性能のバッテリーを作る会社や、パソコンの部品軽量化、音声入力ソフトウェアやタッチパネルに関して、ユーザーの声と共に部品提供してくれそうな会社まで拾ってきてくれるようになるのです。

もちろん、ＡＩが数々の製品企画データを自発的に学習することもできるようになるかもしれません。しかし、現状では人間が直接教えたほうが早いですし、単に外部の情報を広く浅く取ってくるよりも、設定した人間自身がこだわりたい部分に注力してデータを探すこともできます。

自社のパソコンは性能はいいがデザインの評判が悪いといった場合、ＡＩにデザインに関する情報を特に広く集めるように命じることもできます。こうすることで、自分たちにフィットしたＡＩに育ってくれるわけです。

ここでの人間の役割は、自分たちなりの切り口（評価軸）をＡＩに与えることです。そのためには、まず自分たちが行ってきた市場調査や技術調査の際に気にしていたこと、重点を置いていたところを洗い出します。

次に、パソコンの製品企画を行う際には、何をキーにして、どこからデータを探してきたか、そして、なぜそのようなキーを設定すると考えたのかを整理して、ＡＩにもわかる言葉に直します。こうしたことが、ＡＩにモノを教えるティーチャーとしてのスキルになるのです。

このために必要な基本的な知識は、もちろん、今まで自分たちが行ってきた調査プロセスですが、それ以外にも、例えばＭＥＣＥによる思考法が挙げられます。この言葉については、他にも良書がたくさんあるので、説明はそちらに譲りますが、要は、一つの事象を様々な角度から見ること、そして、その角度には漏れもダブりもあってはいけないという考え方を意味しています。

強い野球チームを作ろうと思えば、「投手力」「守備力」「攻撃力」「走塁」「作戦」「体力」が充実している必要があります。これらの軸には漏れもダブりもなく、「強い野球チーム」についてこれらの軸に分解して考えるというのがＭＥＣＥという考え方なのです。

そして、もう一つ考える必要があるのが、ＡＩに投入する際の言葉とそのつながりです。例えば、「快適な」という言葉があるとします。この言葉は何も言わなければ、とにかく人間が心地よくいることを意味するのですが、もしもＡＩが「快適」という言葉の意味をそのようにしか捉えなかったら、パソコンの企画において「快適な操作」というリクエストがあった場合、ただ「快適」というキーワードを洗い出すため、ＡＩは〝上高地〟や〝羽根布団〟といったデータまで拾ってしまうことになるでしょう。

スキルマップからの考察②【情報の抽出】

1. ニュース記事などで統計情報に接したときに、数字やグラフの持つメッセージを理解できる（データの理解・検証―統計情報への感度）
2. 普段業務で扱っているデータの発生トリガー・タイミング・頻度などを説明でき、また基本統計量を把握している（データの理解・検証―データ確認）

3．こうしたことが仮説や既知の問題が与えられた中で、必要なデータにあたりをつけ、入手できる（データの理解・検証―データ理解）

4．データ項目やデータの量・質について、指示のもと正しく検証し、結果を説明できる（データの理解・検証―データ確認）

ここは、人間の役割が非常に大きい部分です。まず、何のためにデータを収集するのか、自分がどんな課題解決や仮説検証を行いたいと思っているのかを明確にして、それに関連するキーワードや画像などをＡＩに伝えます。今の業務に関することなら、業務のフローや用語、データの発生場所なども覚え込ませますし、ウェイト付けも必要になります。

また、集めたデータの中から役立ちそうな情報やグラフなども、当面は人間が探し、それと課題、仮説との関係を結びつけて教えるのです。これらは、やがて

AIが自律的に行えるようになりますが、初期的には人間の役割になります。

スキルマップからの考察③【分析と課題設定】

1. 数字やデータの検証のために、何と比較するべきかすみやかに把握し、収集・利用できる（データの理解・検証―統計情報への感度）
2. 領域の主要課題を他領域の課題との連関も含めて構造的に理解でき、問題の大枠を定義できる（プロセス―問題の大枠定義）
3. 複数のデータを多元的かつ大局的に俯瞰して、大きな動きや本質的な事実を見抜くことができる（データの理解・検証―俯瞰・メタ思考）

4．未知の領域であっても、類似する事象の推測などを活用し、抜け漏れや重複をなくすことができる（論理的思考―ＭＥＣＥ）

データの表す意味を知るためには、ベンチマークとの比較が必要になります。〈社内であれば〉あるべき姿との比較、他社との比較、〈世間であれば〉違う時代、他国、他の条件下など。2〜4は、ピラミッドストラクチャを利用した帰納法的な考え方で、粒々の事象の共通点を見つけ出して、積み上げ、結論にします。そして、結論からみて不足している事象があれば、それを推測し、演繹的に命題を分解し、すでに出ている事象を結びつけるわけです。

この意味で、人間に必要なものは論理力であり、ピラミッドストラクチャを利用した帰納法的・演繹法的な考え方であり、事象を推測する力であり、これらをＡＩに教え込むわけです。第3章でお話しした国会答弁ＡＩには、こういったことがまだまだ欠けているわけです。

スキルマップからの考察④【解決の方向性・行動方針】

1. 課題解決の方法を得る（過去の成功例、失敗例に学ぶ）。ただし、これまでにない解決方法は人間が考えざるを得ない。考えたことをＡＩに教える
2. 他社による模倣を防ぐなど、競争力を保つ観点でアプローチの設計ができる（機械化や標準化の範囲を絞るなど）（プロセス－アプローチ設計）
3. 一般的な収益方程式、バランスシートなどに加え、自らが担当する業務の主要な変数（ＫＰＩ）を理解している（プロセス－ＫＰＩ）

4．初見の事業領域であっても、ＫＰＩを構造化し、重要なＫＰＩを見極められる

1と4はチェックリストには含まれておらず、少し拡大解釈が必要になりますが、非常に重要なポイントになります。課題に対する解決策候補を過去事例から選択する場合、これをアレンジするのは人間ですし、まったく新しい解決策を得るのもやはり人間です。大切なことは、解決策が達成すべきことをＫＰＩ化すること。これを作ることができれば、ＡＩに覚え込ませることで、今後の判断を任せることができるのです。

ＡＩの判断には偏りが生じる

このようにＡＩを活用する場合、ＡＩティーチャーという存在が不可欠となっ

てくるわけですが、この存在によって、ＡＩの判断に偏りが生じる可能性がありま す。つまり、ＡＩティーチャーが何を教えたかによって、ＡＩの思考にも変化が生じるのです。

端的に言えば、社風が違えば、同じＡＩを導入してもまったく異なる成長をするでしょう。しかし、これはＡＩのあるべき姿だと思いますし、逆に言えば、そうであることを知っておく必要があります。

会社には〝こだわり〟があります。儲けることだけにインセンティブを持たせれば、先にも述べたとおり、みんなが投資会社になりかねません。「うちの鍋を買ってくれたお客さんが美味しい料理を作ってくれるのが一番うれしい」と考えて商売をしているのであれば、そこにインセンティブを持たせる必要があります。

同じ鍋会社でも、「うちはとにかくコストを下げて、薄利多売で販路を広げて儲けたいんだ」と考えているのであれば、できあがる鍋もまた違ったものになるはずです。こういった〝こだわり〟や方針は、どの会社にも必ずあります。それをＡＩに教える、具体的にはインセンティブとして与えるのは人間の仕事なのです。

良い鍋を作るのか、売れる鍋を作るのかは会社の個性の問題で、どちらも間違ってはいません。そういう意味では、ＡＩにも性格や趣味趣向のようなものが出てきます。

これは正しい、正しくないという問題ではありません。もちろん結果論として、成功、失敗はあるかもしれませんが、いずれも正しいのです。つまり、ＡＩと付き合う場合、何か得体の知れないブラックボックスと付き合うのではなく、個性のある一人の人格のようなもの、とびきり記憶力が良く、とびきり知識があって、何らかの判断を提案してくれる一人の人格と付き合うのだと考えたほうがいいでしょう。

もちろんＡＩの判断は絶対的に正しいわけではありません。間違うことだってあります。これは優秀な人間だって同じことです。この人の言うことなら間違いないだろうと思っていたら、結果として失敗に終わることだって珍しくはありません。

すごく営業成績のよい課長の指示どおりにセールスを行ったところ、まったく売れなかったとします。そんなとき、課長の言ったことと自分のやり方に違いはなかったか、課長自身の経験に偏りがあったのではないか、そういったことをあらためて検討し直すことで、自分のやり方に修正を加えていきます。

逆に部下が間違えたら、より正しい方法を教えます。どんなに優秀な人材でも、間違いや失敗は必ずあります。その場合、間違ったら教えなければなりませんし、間違いから学ばなければなりません。

これは人間もＡＩも同じことで、ＡＩの判断に間違いがあれば、必ずフィードバックして、同じ間違いをしないように学習させなければならないのです。

ＡＩは神のような存在ではない

ＡＩといえども個性やこだわりは必要で、みんなが右に倣えで同じ答えを出してくると、それはちょっと恐ろしいことですし、使い手もありません。

そういう意味では、ＡＩも最終的には、人間っぽい感じになってくるのではないかと思います。頭は良いし、非常に役立つけれども、間違うこともあるし、教え込まなければならないこともあるのです。

決して神のような存在ではなく、ＳＦ小説や漫画に出てくるような絶対に正しいコンピュータなどないんだというように思えれば、自分の会社にＡＩが導入されても、何も恐れることはないでしょう。

これはＡＩがまだまだ発展途上だからではなく、そもそもＡＩはそういった存在なのかもしれません。間違うこともあれば知らないこともあり、人間以上に正しい判断を常に下すわけではありません。その意味では、盲目的に従っても良い存在ではなく、やはり相談相手であり、頼れる部下のような立ち位置が一番しっくりくるような気がします。

定型的な仕事はできますし、こだわりのない分析なら完璧です。そして、ある程度決まりきった作業なら指示を出すこともできます。その意味では、部下に近い存在でありながら、プロジェクトマネージャーのような仕事をこなすことはできるでしょう。

過去の事例から、こういうプロジェクトはうまくいき、こういうプロジェクトは失敗するといったことは、アーンド・バリュー・マネジメントによって管理できるわけです。

コストや進捗管理、要員配置やスケジューリングは、既存のＡＩでも十分可能です。過去の事例を参照することで、このまま行けば失敗する、それに対してこのような解決策があるといった、リスク管理もＡＩに任せたほうがよいかもしれません。

このようにＡＩがプロジェクトマネージャーになる可能性は十分にあり得ることなのですが、人間のサガとしては受け入れ難いかもしれません。

これはプロジェクトマネージャーに限らず、様々なシーンにおいて、能力的・技術的に何の問題がない場合でも、何らかの意識改革が起こらない限りは、あくまでも人間がプロジェクトマネージャーであり、ＡＩはアシスタント、あるいはアドバイザーといったポジションに落ち着くように私は思います。

第5章

ＡＩとＲＰＡによる「働き方改革」

この章では、昨今話題となっている「働き方改革」にＡＩあるいはＲＰＡがどのように貢献するのかについて述べていきますが、まずは、働き方改革とはどのようなものであるのか、その目指すところとポイントについて簡単に整理してみましょう。

働き方改革とは

働き方改革にはいくつかのポイントがあります。

1．少子高齢化による生産年齢人口の減少
女性や高齢者等の社会参画を促すために、時間や場所に捕らわれない働き方を推進し、例えば、短時間勤務や在宅勤務を推進します。また、短時間勤務を可能にする一方、副業を認めるなども生産力の向上に効果があります。

2．社会保険料の圧縮

現在、国の財政に重い負担となっており、今後、さらにそれが加速すると思われる社会保険料。過度な労働により健康を損ねる人を減らすことが重要であり、長時間労働を避けるべきです。このためには、在宅勤務の推進はもちろん、生産性の向上も必要となります。

3．消費の活性化

短時間勤務や在宅勤務で労働しない時間が増えれば、その分を何らかの消費活動に使ってもらうことが期待できるほか、主婦や高齢者が働くことで、購買力の向上も期待できます。

つまり、働き方改革とは各種制度、法令や組織等の見直しと労働の生産性向上によって、時間や場所に捕らわれず、労働者が自らの健康や都合に合わせて働く社会を実現することであり、国内の生産力の維持・向上、国民の健康と財政の改善、消費活性化による経済成長を目指すものと言えそうです。

そして主要なキーワードとして、「生産性の向上」「時間的拘束の排除」「場所的拘束の排除」が挙げられます。

働き方改革において、今、現実にＡＩに対して期待されていることといえば、やはり人間の生産性の向上でしょう。人間を決まりきったルーティンワークから解放して、よりクリエイティブな作業に注力してもらうことは、個人にとっても、企業にとっても有効なことです。実際、すでにＡＩを導入することで、働き方改革にも結びつく業務の効率化が出てきている企業や組織があります。

AIによる生産性向上の例

①AIによる間接部門の業務効率化

サッポロホールディングスでは、AIシステム「TRAINA（トレイナ）」を活用した間接部門の業務効率化を図る実証実験を開始しました。これまで人間が行ってきた社員からの業務や申請に関する様々な問い合わせへの対応をAIが行うことにより、その業務にかかる時間を45％削減し、また、問い合わせをした側の情報検索時間も80％短縮するなどの効果が出ています。

このAIは単なる一問一答のチャットボットではなく、問い合わせ者が画面から質問を入力すると、その質問内容をさらに特定するための質問や回答を返すことで回答の精度を上げています。また、そこから社内申請を案内してもらったときには、それまでのやりとりで得られた情報（ログイン者名や社員コードなど）

が自動的に入力された状態となっており、社員は入力の手間も省けるのです。

②医療現場におけるＡＩの活用

ビジネスの現場ではありませんが、やはり過重な労働が問題になっている大学病院においても、ＡＩが働き方改革に寄与しています。

広島大学では病院でのＣＴ検査画像をＡＩに読み込ませ、数ある症例から類似したものを検索しています。現在のところ、その正解率は85％だそうですが、その状態でも医師の判断時間を最大６分の１にまで縮められると言います。こうして空いた時間を医師たちは、治療方針の立案や様々な自己研鑽、あるいは休みに充てることが期待できるわけですから、これは医師にとっても患者にとっても有効なＡＩ活用と言えるでしょう。

③コールセンターの24時間対応をＡＩで実現

コールセンターでは、膨大なデータベースの中から、問い合わせ内容に適した回答を探しています。この作業にＡＩを使うと、24時間３６５日、顧客からの質問に対して即時回答をすることが可能になります。コールセンターで働く人たちの業務負荷を軽減し、働き方改革を実現しているのです。

④ＡＩによるロット管理

ある流通業の企業では、在庫品の管理にＡＩが導入されています。近年、消費者のニーズは多様化しており、流通業の倉庫には「多品種小ロット」の品揃えが求められています。

しかし、従来の在庫管理システムでは、その細かな商品ごとの需要予測ができません。そこで人間が様々なルートで情報を集めて、試行錯誤をしながら商品ごとの需要を予測し、品揃えを決めるわけですが、企業によっては１００万を超える商品についてこうしたことを行わなければならず、人間の負担が非常に大きくなっていました。

そこで、ある企業では、ＡＩを使ってビッグデータ分析を行うことで、適切な需要予測にかかる人間の手間を大幅に減らすことに成功しています。もちろん、予測そのものも正確ですので、無駄な発注や商品管理もなくなるのです。

バックオフィス業務でのＲＰＡ活用

私は富士通コミュニケーションサービス（ＣＳＬ）コンタクトセンター、セールスマーケティング、ヘルプデスク業務、バックオフィス業務を手掛けていますが、このバックオフィス業務でＲＰＡを活用し、検収や解約の業務に利用したところ、作業にミスが生じた場合もＲＰＡで発見できるようになったそうです。

現場からも「ＲＰＡによるミスの発見で、日々のプレッシャーから解放された」という声が聞かれたそうです。また繁忙期には、通常の5〜6倍の作業が生じますが、そのために人員を多く確保するのは容易なことではありません。しかし、RPAによって作業を自動化することで、増員する必要がなくなったのも大きなメリットとなっています。

大切なのは「人とRPAのハイブリッド」

CSLでの話の中で興味深いのは、「人とRPAのハイブリッドでの利用」です。RPAを使ったからといって、すべてコンピュータに任せるわけではありません。重要なのは「必ず人間を介在させる」ことです。

それは、トラブルが生じたときの責任の所在を明確にするためです。CSLでは、RPAを稼働させているパソコン1台1台に、必ず責任者をつけて対応しているそうです。

またＲＰＡを取り入れる際には、ＢＰＲ（ビジネス・プロセス・リエンジニアリング）も重要になります。ＲＰＡを導入する場合は、仕事の中身を明確にして、業務を整理する必要があります。これによって「新人教育の期間短縮や効率化」にも結びついています。

現場のマネージャーからは、前述の「繁忙期のスタッフ確保が不要になった」ことのほか、「業務に難易度をつけられるようになった」「障がい者が多く働ける職場になった」などという声も聞かれました。

そして、現場で働いている人たちからも、「休みを取得しやすくなった」「社員教育がしやすくなった」「早く帰って自分の時間が作れるようになった」という感想が挙がり、働きやすさを調査するＥＳアンケートの結果を見ると、全体が3・70点（5点満点）であるのに対し、ＲＰＡ利用部署は4・38点と非常に高いスコアを達成しています。

マーケティング施策の自動最適化

データテクノロジーカンパニー、フロムスクラッチが開発するマーケティングプラットフォーム「b→dash」は、大規模アップデートを実施し、業界初となる4つのコア・テクノロジーが実装されました。

①Data Preparation Engine（データプリパレーションエンジン）

データ活用に必要な工程である「データ設計（前処理工程）」を自動最適化する、業界初の〝データ予測整形エンジン〟。これによって、これまでエンジニアが実施していたデータ設計（データクレンジングやデータモデリングなどの前処理工程）を、AIによって自動最適化することで、作業工数を80%以上削減することに成功しています。

②Data Reactor（データリアクター）

データ活用時に必要な「データ統合」を自動最適化する独自の〝データフォーマット生成技術〟。これまで、取得したデータをビジネスで活用するためには、膨大な工数をかけて、データサイエンティストやエンジニアがデータフォーマットを作成する必要がありましたが、最適なデータ統合フォーマットがＡＩで自動生成されることによって、94％以上の工数削減が実現しています。

③Data Pallet（データパレット）

データの変換時に必要だった「ＳＱＬ業務」を不要にする〝高速クエリ生成技術〟。これまで特定のスキルを持つエンジニアが膨大な工数をかけていたＳＱＬを必要とする工程を不要とすることで、約１２０時間／毎の作業をわずか1時間／毎に短縮することに成功しています。

④Data Learning Drive（データラーニングドライブ）

独自のAIとアーキテクチャによる世界唯一の〝自己学習プラットフォーム技術〟。データの取得から統合、活用までをワンプラットフォームで学習し続けることで、チャネルや施策、タイミングを横断したプロモーションの自動最適化を行うことが可能となっています。

こういった技術の進歩により、これまでマーケティング担当者が時間と労力をかけて行っていた導入にかかる作業のほとんどが自動化され、さらには社内にある雑多なデータ統合も、個々の顧客に向けた複雑なマーケティング施策も自動最適化されるのです。

働き方改革自体をＡＩが管理

人事系コンサルティング会社のマーサージャパンは、２０１７年6月、マイクロソフトのオフィス業務向けクラウドサービス「Office 365」を使った「働き方改革ＡＩ業務改善支援サービス」を日本マイクロソフトと共同でスタートしました。

この会社では、Office 365 の MyAnalytics を使って、業務中の会議時間、メール時間そして一人で作業に集中している時間を分析し、顧客企業に業務効率と生産性の向上に関する施策を提案しています。無駄に長い会議の削減や、多すぎるメールの時間を減らして、集中業務を増やします。

しかし、集中業務も長く続けすぎるとかえって生産性が落ちるので、適度に切り替える必要があります。このようにオフィスでの働き方を考え直すことは、業務時間の短縮につながり、働き方改革の視点でも重要なことですが、そうした試みをＡＩによる分析によって行うわけです。

ＴＩＳやＰｗＣコンサルティング、ＡＩを使ったリスク検知サービスを手掛けるエルテスも２０１７年４月までに同様のサービスを始めています。

あらためてRPAとは？

ここであらためて「ＲＰＡとは何か？」について説明しておくと、ＲＰＡは「ロボティック・プロセス・オートメーション（Robotic Process Automation）」の略で、プログラミングをなるべく簡単に、あるいはプログラミングしていないようにみせて、作業を自動化するソフトウェアです。

これまでならガチガチのプログラムを組む必要があったところを、デスクトップ上のインタフェースを通して、エンドユーザーが簡単に操作できる仕組みで、作業の塊をブロック化して順番に配置していく感じで、単純なフローチャートを教え込み、ワードやエクセルなどのアプリケーションを使って作業を進めるようなイメージです。

ある意味、本当にロボットのような感じで、言うなれば、ソフトウェア的なロボットと言えるかもしれません。もう少し具体的に言うと、例えば、企業の資産管理では、従来、資産管理台帳のデータベースがあり、そこに資産の動き（購入、売却、廃棄等）のデータをエクセル表などに記録したものを流し込むか、1件1件登録していました。

そして、この資産管理データを経費勘定項目に仕訳して、経理システムに入れたり、減価償却処理をしたり、税金関係の資料作成を行うなどしていました。エクセルと資産管理データベース、減価償却・税務等のアプリケーションを人間が操作して行っていたわけです。

RPAは、この人間の操作をストーリーとして覚え込ませて、自動実行させます。画面で見ていると今までのソフトウェアを透明人間が操作するようなイメージで、エクセルのマクロと少し似ていますが、ＲＰＡの場合は複数のソフトウェアをストーリーに組み込んで動作させることができるのです。

もちろん、これらの機能を全部詰め込んだシステムを開発することもできますが、ＲＰＡは既存のソフトをそのまま使うので、導入が手軽で、エンドユーザーにも違和感がありません。こうしたこともあって、企業では、このＲＰＡの導入が急速に進んでいます。特に日本では、生産年齢人口の減少も相まって今後一層、ニーズが高まることが予想されます。

ＲＰＡが手間と時間を削減する

このＲＰＡを経営指針と結びつけて導入しようとする企業もあります。

大和ハウス工業では、「働き方改革の推進」「法令順守、コンプライアンスの強化」等の重要な指針を実現するためにＲＰＡを導入しました。「働き方改革の推進」に関しては、勤怠状況のチェックや分析にＲＰＡを使っています。

社員の勤怠に関するデータ分析というのは、思ったよりチェック項目が多いもののようです。例えば、社員の有給休暇取得日数をカウントしただけでは、本当にその社員が十分な休息を取っているのかわかりません。私も経験がありますが、休日出勤を行い、その代休をとらず、その代わりに有給休暇を取得したような場合、確かに社員は有給休暇を消化していますが、休みが十分に取れているとは限らないのです。

また、会社によっては、深夜まで仕事を行うと、翌日は休んでも良いというところもあります。そうした休みは、深夜勤務の代わりですから、本来的な休みではありませんが、それをちゃんと判断して分析するのは、件数が増えると非常に、手間がかかり、間違いも多くなるものです。

このように、やればできないわけではないが、人間がやると手間と時間がかかる分析は、それを得意とするＲＰＡに素早い分析を行わせ、見える化することで、社員の働き方改革をタイムリーかつ迅速に行うようにしたわけです。

また、法令順守とコンプライアンスの強化についてですが、この会社に限らず、建設業界では社会保険加入率向上が求められています。危険な現場での作業もある建設業では、特に協力会社の人間に社会保険へ加入してもらうことがとても大切なのですが、現状ではこれがなかなか進んでいません。

そこで、この会社では、数千にも上る協力会社の社会保険加入状況を定期的に調べる必要があるのですが、数も多いことから、情報を収集し、可視化・情報集計・分析業務を行うのは大変な手間です。これをＲＰＡにやらせることで、保険加入の実態把握を、これもタイムリーに行うことができるようになりました。

三菱ＵＦＪ銀行は、アマゾン・ウェブ・サービス（ＡＷＳ）上に、ＲＰＡの基礎技術である「BizRobo!」を稼働させています。このＲＰＡで実現したことの一つに、融資事務センターでの住宅ローン団体信用保険申告書の点検業務があります。これまで同行では、この申告書の点検を担当者が紙で1枚ずつ確認していました。記載漏れや誤りはないかというチェック、そして住宅ローンの明細との突き合わせをすべて人間が行っていたのです。

この手間を削減するために、まず申告書をOCRで読み込んで、データを抜き出した後、チェック処理をストーリー化して、RPAに実施させたのです。

同行では、今後も、RPAの分野をリテール取引や法人業務など、銀行にとってメジャーな分野へだけでなく、ニッチで複雑な分野にも広げていく予定だそうです。

このほか、世の中に出ているRPAのサービスを見てみると、人事部門において、その業務の7割を削減するようなものも出ています。この人事業務は、RPAが得意とする、「人間がやってできないことはないが、数が多いと工数がかかるし、間違いも起きやすい業務」を改善する典型的なものです。

社員の給与振込先を新設したり変更したりする業務は、実に小さな仕事ですが、これにも既存口座の検索と変更入力、検証等の作業があり、人間がやれば、一件あたり数分から10分程度はかかるものです。

しかし、RPAを使えば、これを数十秒で行うことが可能なわけですから、大企業の場合、相当なコスト削減になります。同じように、通勤経路の変更業務も、変更届の受領、記載内容の確認、経路の適正確認、定期券代確認、払い戻し等々、一つ一つは小さな作業でも、会社全体を対象にすると相当な工数を要してしまいます。このほか、交通費の精算業務などのようなものにもRPAを導入する企業が多いようです。

AIやRPAが進出する未来は？

こうしてビジネスの現場にAIやRPAが進出してくる様子を見ていると、巷間言われる「AIが人間の仕事を奪う」という言葉がいよいよ現実的に思えてくるかもしれませんが、この点について言えば、私は悲観論者でも楽観論者でもありません。

AIやRPAは確かにこれまで人間が時間や労力をかけて行ってきた仕事を、ずっと迅速かつ正確にやってのけると思います。しかし日本は少子高齢化による生産年齢人口の減少が、もはや現実のものとなっています。人間でなくてもできる仕事を機械に任せることによって、企業や国全体の生産力を維持して向上させることは、むしろ必要なことではないでしょうか。

また、特に新興国との価格競争で不利を強いられている先進国（日本、米国、ドイツなど）からみると、単価の高い人間の作業を機械が肩代わりすることによって、生産コストを新興国と同程度に抑えることが可能となるので、国際競争力を取り戻すことができるのではないかという期待もあります。

そして、機械でもできる単純労働から解放された人間は、本書でも触れてきたように自らの発想や独創性に基づく作業に注力することができます。

発想や独創性を求めるというと、一部の芸術家や発明家のような人をイメージするかもしれませんが、そうではありません。日常の仕事の中でも、これまでにない新製品や新しい業務プロセスの企画、改善、人間ならではの（一見すると不合理な）こだわりや（みんなが投資会社をやらないように）目的を持った経営方針、作業方針の立案、心のひだに触れるような接客やチーム作りなど、まだまだ機械が及ばない人間の領域は残されているのです。

しかしながら、それではビジネスの現場において、働く人々が今のままでも良いかと言われれば、やはりそんなことはないというのが正直なところです。会計士や行政書士、司法書士のような専門的な技量を持った人でさえ、ルールに基づいた計算や書類作成であれば機械がこなしてしまうようになるでしょう。

一般のビジネスにおいても、その仕事の多くを機械がこなしてしまえるくらいに技術は日々進歩しています。これまでと同じような作業を漫然としていたのでは、それこそビジネス現場からは淘汰されかねません。

ＡＩやＲＰＡがもたらすビジネス現場の変革の中を生き抜くためには、どうしても人間力を磨く必要があります。人間ならではの新しい発想、理屈ではなかなか割り切れないイメージング、心のひだに触れるような会話やコンサルティング、人の心を動かすこともそうです。そうした力を磨き、機械にはマネできないような仕事を自分の強みにしていかなければならないのです。

AIにはない人間ならではの魅力を伸ばす

私は縁あって、最近、大学生と会話をすることが多いのですが、彼ら彼女らには、それぞれに人間ならではの魅力があります。ある学生は、「幼少期に自然の中で楽しく遊んだ記憶があるので、将来はそんなところで暮らしたい」と言っていました。自然の中で楽しく暮らすという曖昧なイメージをＡＩは思いつくことができるでしょうか？

実際、快適さというものは人によって大きくその定義が異なりますし、その学生に快適さをもたらしていた周囲の木々の大きさや微妙な匂い、太陽の光の具合や快適な湿度を正確に再現することは非常に難しいです。人によって、夏は暑すぎるくらいでないと雰囲気が出ないとか、冬は少しくらい寒すぎるほうが食べ物を美味しく感じるといった不合理な部分もたくさんあります。子供が育ち、大人が働き、老人が余生を過ごす環境を本当にコンサルティングできるのは、少なくとも当面の間、人間の役割なのではないでしょうか。

また、ある銀行のテラー（窓口担当）と話していると、もしかしたらこの人はＡＩに負けずに、窓口業務を続けられるかもしれないと感じる部分がありました。それは、作り物でない笑顔や人に安心感を与える話し方といったところなのですが、それ以上に、その人との会話で体験した話のズレが強く印象に残ったのです。

窓口で定期預金の話をしていたのに、いつの間にか年金の話になり、さらに家族構成の話にズレて学資保険の話にも発展します。こうした会話は、顧客にそこそこ楽しくいろいろな提案をしてくれるとも感じるかもしれません。

銀行側にとっても顧客の囲い込みができて、当初の目的を超えた金融商品の紹介につながる可能性があります。これは今のＡＩを駆使したチャットボットにはなかなかできないことだと思います。

例を挙げるとキリがありませんが、一般的な人の中にも、ＡＩや機械では再現が難しい、人間的な発想や魅力というものがたくさんあります。これからの世代の人々には第３章や第４章で述べたＡＩと協業する能力と合わせて、こうした人間力を磨くことが、とても大切なのではないかと思います。

今後、ＡＩが人間を超えてしまい、その発達の予測すらつかなくなるシンギュラリティの時代がやってくると言われています。人類の歴史において、自分を超える知能と共に生きるようなことは、まったく初めてのことであり、その先は誰にも予測ができません。そんな時代にあって大切なことは、人間には人間としての魅力がたくさんあると信じ、それを見つけて伸ばしていくことではないかと考えています。

第6章

AI・ロボット・IoTがもたらす未来の姿

さて、この本のしめくくりとなるこの章では、もう少し先、今から20年後、30年後の未来について考えてみたいと思います。

もっとも、今の時代、こうしたことを考えること自体、少し虚しいものかもしれません。例えば、今から20年前、30年前に、一部の研究者を除いて、現在のAIやロボットの進化を、どれほど多くの人が予測したでしょうか？

予測していたとして、それはどれほど正確なものだったでしょうか。プレシンギュラリティの時代と言われ、科学技術の発展速度が人間の想像力を凌駕しつつある今の時代、なかなか未来を予測するのは難しいものです。

とはいえ、今の技術の進歩を見ていれば、当然に予測できる未来もあります。

この章では〝ビジネス〟という枠からは少々はみ出してしまいますが、主としてわれわれの経済活動の未来を、想像力を働かせながら考えてみたいと思います。

また、そうしたことを考えていくうち、これは私個人の意見ではありますが、このＡＩやロボット、ＩｏＴの進化がもたらすものは、いまだ人類が経験していない大きな転換点になるかもしれないということも思いあたります。そのあたりについても章の後半で触れてみたいと思います。

食べる物を手に入れる

人間の経済活動の基本と言えば、何といっても食べ物や飲み物を手に入れることでしょう。何はなくてもこれがなくては生きていけませんし、逆に、これを手に入れることこそ、良き人生の伴侶を得て子孫を残すことと並んで、人生の一大命題です。

では、数十年後の未来では、人類はどのように食べ物を得るのでしょうか。まず、農業の分野でいえば、土を耕すところから始まり、作物を必要な人のところに届けるまでを無人で行うことができるようになるでしょう。

ＧＰＳなど空からの情報とロボットやＩｏＴが教えてくれる地質、気候等の条件を分析し、小麦や米を作るのに最適な場所が割り出され、そこに無人のトラクターが行って、土地を耕します。無人のトラクター自体は、もうすでに大手メーカーによって、ＧＰＳからの情報で無駄なく安全に動作するものが実験されています。土地を耕せば、そこに種をまきます。種をまく機械も、トラクターと同じ原理で動きます。きっと人間よりはるかに速く、しかも、日当たりや土地の状態も把握した上で、作物が育ちやすい間隔や深さを正確に計算して動いてくれるでしょう。

ここでまく種はどこからくるのかと言えば、前年の収穫時にとって貯蔵した種を使います。温度や湿度等をコンピュータがほぼ完璧に管理する倉庫にある種の中から、害虫や病気に強く、美味しい作物に育ってくれそうな種を選別して持ってきます。種をまいたら、今度は生育の管理です。その年の気候や自然条件、そしてドローンによる調査によって得た情報を分析し、農薬や肥料を必要な場所に必要な量だけ散布します。もちろん、作物の状態は散布の都度、葉や穂の状態をセンサーで調査して、それをまた農薬や肥料の散布に役立てます。水分が不足するなら、近くの用水路から水を自動で引っ張ってきます。

また、台風の到来が予測されるなら、事前にロボットが防護シートをかけてくれることも可能ですし、日照時間が足りないなら、太陽とよく似た成分の光を当ててくれる照明装置が働き、温度の制御も、この照明装置や送風装置、あるいは畑にめぐらされた冷却パイプなどがやってくれるでしょう。

こうして育った作物の収穫については、申し上げるまでもないでしょう。自動の収穫ロボットが色や大きさ、形、それに糖度なども調べながら刈り取ってくれるはずです。収穫されたものは自動運転のトラックや船、飛行機やドローンなどを使って、必要とする人のもとに届けられます。もちろん、荷積みをするのも、無人のフォークリフトやクレーンです。

何だか、ドラえもんの世界のような話ですが、現在研究されている技術がそのまま発達すれば、そう遠くない未来に実現できそうなことばかりです。

また、これは他の活動でも同じですが、こうして働く機械やソフトウェアのメンテナンスもＩｏＴのデータをＡＩが分析し、異常や故障を予見してロボット等がやってくれるでしょう。

こうなると、食べ物を得るために人間がやることは、ほぼ何もないということになります。家に届いた作物を調理して配膳してくれるのもロボットなのですから。

工業製品を手に入れる

人間は食べ物を手に入れただけでは、やはり暮らせません。寒さや暑さに対応できて、ＴＰＯにも合った服を着る必要があります。家も必要ですし、そこで使う家具や家電製品、パソコンやスマホも今や必需品です。それらは、大きな括りでいえば、工業製品ということになります。これも私たち人類は、ほぼ無人で手に入れることができるはずです。

この本の中ですでにインダストリー4・0による工場の管理について触れました。モノを作ること、そしてロボットたちがモノを作り、その作業状況を管理することは、IoTやAIがやってくれます。

モノづくりには、デザインなど人間の感性と関連するものもありますが、これらも、AIがこれまでの情報や、必要ならその場で人間に好みを聞いてくれます。AIが推奨するデザインや使い勝手がどうしても気に入らなければ、誰もが使える簡単なCAD等を使ってその場でデザインを変更することも可能でしょう。

もちろん、それでも人間の職人でなければならない場面はあるでしょうが、生活していくために必要なものは、ほぼ無人工場の作るモノで事足りるはずです。人間の職人については、この章の最後であらためて触れてみたいと思います。

家だって、３Ｄプリンタで作成された建材をロボットが組み上げてくれることでしょう。また、工業製品の作成に必要な原材料や各種の資源も必要なときに必要なだけ、ロボットが採掘・加工などをして届けてくれます。このあたりは農業と一緒です。

公共サービス

農業製品と工業製品が無人で作られ、流通もネットやコンピュータとの電話で注文したものが、自動運転の輸送機器で届けられるようになれば、とりあえず人間は生きていけそうです。しかし、実際の生活には、それ以外にも重要な活動があります。例えば医療はどうでしょうか？

家庭内に健康診断の装置が置かれ、何か異常が発見されれば、ＡＩが必要な薬を発注してくれます。また、病院に行けば、ＣＴスキャンの画像診断などが行われ、超微細なナノロボットを口から飲むのが、典型的な病気の治し方になるかもしれません。もし、今までどおりの手術が必要なら、人間よりも正確で繊細な手を持ったドクターロボがやってくれます。この部分については、まだ具体的な実験例を私は知らないので、もう少し先になってしまうかもしれません。

医療以外の公共サービス、例えば役所の仕事や会計士、弁護士、司法書士、行政書士の仕事も、かなりの部分をＡＩがやってくれるようになるでしょう。

人間の手が必要なのは、主にコンサルティングということになるでしょう。このあたりは、学校の先生も同じかもしれません。警察や軍隊については、すでに米国などでロボット戦士の研究・実験が行われていることから、戦うことに関する仕事はロボット任せになるかもしれません。それ以外の仕事に関しては、他の公共サービスと同じになってくるでしょう。

こうしてみると、未来の世界では、人間のすることがなくなってきてしまうようにも見えます。それが正しいのかどうかはともかく、こうした未来はいずれも今の技術の延長線上にあるもので、例えば時間旅行などのような、途方もないSFの世界ではありません。

人類がいまだ経験しない大転換と人間のモチベーション

ここまで見てくると、多くの人が気づくかもしれませんが、もしかしたらお金というものが必要なくなるのかもしれません。見方を変えて言うと、人間が生きていくために働かなくても良い時代になるかもしれないのです。

生活に必要なことをすべてロボットやAIがやってくれるようになれば、人件費はかかりませんし、資源や製品に値段をつけること自体が虚しいことになってしまいます。土地の所有や採掘権についても同じでしょう。お金というモノ自体、意味がなくなるという考え方は十分に成り立ちます。

人類が皆、生きるために働かなくても良い時代。こんなことは人類史上初めてのことですし、これが社会や人間の心と体にどのような影響をもたらすものなのか、それは私にもよくわかりません。

しかし、少なくとも、今のＡＩやロボット技術の進歩が指し示す一つの方向性としては、そうなる可能性が否定できず、そうなると、人間は何を生きがいにしていくのでしょうか。何を目標に日々の活動をするのでしょうか。

もしかしたら、本当に何もしないで暮らす人も、多少はいるかもしれません。毎日決まった時間に届けられる食べ物を食べ、ネットで衣服や生活必需品、娯楽用品などを入手するような安穏な生活を送る人も、きっと出てくることでしょう。しかし、私は、人類の多くは、そんな生活には満足できない、いや我慢できないと感じるのではないかと考えています。

以前、ある定年退職者と彼のもとを訪れた後輩会社員の会話の話を聞いたことがあります。後輩会社員が、定年した退職者に対して、「いいですねえ、悠々自適な生活。私なんか日々ノルマに追われて、お客さんからも怒られ、もう地獄ですよ」と言うと、退職者は微笑みながら、次のように返答しました。「気づかないかもしれないけどね、君は今天国にいるんだよ」と。

年金で生活は保障されているが、とりたててやることもない日々に耐えられない退職者の心情が出ている会話です。もちろん、定年退職した人が、皆このような心境になるというわけではありません。新しい仕事や趣味、人付き合いなどに生きがいを見つけて、充実した気持ちの人も多いことでしょう。

しかし、この退職者は、そうした生きがいもなく、ただ、日々、起きては寝るだけの生活に耐えかねていたのでしょう。人間とは、生活に困らなくても、何かをしていないと生きていくのが辛い存在なのではないでしょうか。

では、こうした無人で経済活動が動いていく世の中にあって、人間は何をモチベーションとして生きていくのでしょうか。これも想像の域を超えませんが、いくつかの職種を取り上げてみたいと思います。

技術者・芸術家・芸能人の充足感

先ほど、工業製品の話の中で、生活に必要なモノは無人で作られるようになると言いました。しかし、それでも、頑固にモノづくりを続ける技術者や職人はたくさんいると思います。

時計職人は、ＡＩがデザインして、ロボットが作るモノ以上の時計、いやそれよりも、自分の腕が作り得る最高の時計を目指してモノづくりを続けることでしょう。それが技術者としての喜びです。作った時計は、もしかしたら、多少の狂いが生じるものかもしれないし、ベゼルの磨きにも多少の甘さがあるかもしれません。しかし、そのデザインは人間にしか考えつかない新しいもので、針の動きや文字盤の輝きも人間ならではのこだわりに基づいて作られます。

別にお金は必要ないわけですから、とにかく自分の時計を誰かが使って喜んでくれること、そして「あの人はこだわりのある良い職人だ」と思ってもらい、次回作を期待されること、こうしたことが時計職人の喜びになり、それを目指して日々鍛錬しながら生きていく……そんな人生は、きっと充実したものになるのではないでしょうか。

このことは、技術者以外にも、同じようにAIでは実現できない高みを目指す、芸術家や文学者、芸能に携わる人々にも通じるでしょう。お金が欲しいわけではない、多くの人に見て、聞いて欲しい。もしかしたら同じようなものをAIが作ってしまうかもしれませんが、自分は自分で道を究めることを目指し、それでみんなから拍手がもらえれば、それこそ、自分の生きる意味だと思えることでしょう。

営業職からエバンジェリストへ

お金がいらない世界ということになってしまうと、営業職というのはもはや無用の長物になってしまうのでしょうか。確かに、毎期の売上や利益だけを目指し、それに応じて給料や出世が決まるような営業であれば、それは不要になってしまうかもしれません。

しかし、営業職という仕事には、もっと別の価値があります。そもそも、「世の中にはこんな良いモノやサービスがあるよ」と顧客に紹介し、それが個人や企業の活動にどのような良い影響を与えるか、どのように幸せになるのかを伝えることは、世の中を活性化させ、皆がより良い生活をしていく上で、とても大切なことです。

実際、現在でも、スターアライアンスメンバーの航空会社であれば世界一周のチケットが格安で手に入るとか、ＪＩＮＳでは人間がパソコンで作業をするときの集中度合いを計測できる眼鏡を作っていて、そのデータを社員の生産性向上のための分析に使えるとか、知っていれば役に立ち、楽しみも広がるモノやサービスの多くを、私たちは積極的に知る機会は少ないので、それを紹介してくれる人間の存在はとても貴重です。

ましてＩＴのように専門性の高い製品であれば、やさしい技術解説とともに教えてくれて、それがもたらす楽しい夢を語ってくれる人がいなければ、おそらく私たちは、その情報に偶然触れたとしても、そのまま放置してしまうことになるでしょう。

かつての営業職は、その活動をこうした新しい製品やサービスの伝道者、つまりエバンジェリストとなって、社会のために重要な役割を果たすことになっていくと考えられます。こうした活動については、お金が関わらない分だけ、その情報の中立性に信頼が持てます。

売上や利益というモチベーションなしに、こうした紹介をしてくれる人がいるのかという疑問もあるかもしれません。しかし、今でも、新製品の評価や利用シーンについて、無償でＷＥＢに寄稿したり、職場の仲間たちに熱く語る人はたくさんいるわけですから、そうした心配はあまりないかと考えています。

ＡＩと協業するマーケティング

マーケティング分野はＡＩと最も近くで仕事をする存在かもしれません。たくさんのデータを集めて、これを様々な切り口で分析する仕事というのは、ＡＩが得意とするところでしょう。マーケティングの４Ｐとか、広告宣伝のＡＩＤＭＡといった切り口についても、きっとＡＩはすぐにこれを覚えて、もしかしたら、たくさんのデータから新しい切り口や分析法を思いついてくれるかもしれません。

そうなると、いよいよ人間の出番はなくなるかとも思われるでしょうが、私はそうは思いません。例えば、前述した腕時計の話にもあるように、ＡＩはサイレントマジョリティを考慮に入れることが苦手なのです。声なき声というのは、人間の心の中にだけひっそりとあって、ＳＮＳやコメントにはなかなか出てこないものなので、ＡＩの中にインプットされにくいのです。

こうした声を拾いたければ、やはり人間が、それを思いついて、アンケートの設問として立てなければなりません。また、集まった情報の分析にしても、突飛な切り口を掛け合わせて、思わぬ結果を得ることは、ＡＩにはなかなかできません。古い例で恐縮ですが、もし携帯電話にカメラがついたらみんな喜ぶか、などという設定は、ＡＩにはなかなかできそうにありません。

「ブラジルの1匹の蝶の羽ばたきはテキサスで竜巻を引き起こすか」という問いがあるように、世の中は複雑な因果関係でできています。人間であれば、その場の思いつきで様々な空想を広げて、携帯電話とカメラを結びつけて考えることもできますが、森羅万象のすべてを理解するＡＩが出てこない限り、機械には難しいのではないでしょうか。

こうなってくると、マーケティングの楽しみは、ＡＩも他人も思いつかない事象の関連性を見つけ出して、それを分析してみるということになるかもしれません。今、データ分析を行っている人のすべてが、こうしたことに興味を持つかはわかりませんが、こうした分析の楽しみは人間に残されることでしょう。

学者・研究者はこれまで以上に学問に没頭

学者や研究者はもっとわかりやすいでしょう。基本的にＡＩというのは、過去の記憶や経験を頼りに論理を組み立てます。しかし、学者や研究者は多くの場合、まだ世の中にないモノを発見したり、考えついたりするのが仕事ですから、これはＡＩの脅威を感じることが少ないまま仕事ができる分野かもしれません。

生活費や研究費の心配をせずに学問に没頭できるのであれば、むしろ、早くそんな時代が来てくれないかと願う人もいそうです。

コンサルタント・カウンセラー・教育者は人の役に立つことにやりがい

人の心のひだに触れて、豊かで快適でかつ知的な人生を送るために必要な仕事も、多くの分野はＡＩが行うことになるでしょう。しかし、人間に残された人との会話や場合によっては救いの手を差し伸べるような仕事には、大きな魅力があります。とにかく人の役に立てるということです。

このことは、他の仕事でも同じですが、自分のしたことが他人の役に立ち、喜んでくれたり、相手が悲しみや苦しみから少しでも救われたとき、人間はとても幸せな気分になります。被災地などにボランティアに行った人は、その多くがリターナーになりますが、そういう人たちに共通するのは、ボランティアに行くことで、自分自身が元気をもらい、救われると考えることだそうです。

人の役に立つことは、誰にでもできることですが、特にコンサルタントやカウンセラー、教育者のように、そこに自分の知識やスキルを活かせる仕事は、お金などなくても、十分にやりがいを覚えられる仕事でしょう。

経営者のモチベーション

お金のない時代になっても、経営者はモチベーションを失うことはないでしょう。会社というものにとって、利潤を追求することは確かに重要なインセンティブですが、そもそも会社を作った人が目指すものは、その多くが自分の作る製品やサービスで世の中を良くしたいとか、人の役に立ちたい、あるいは、とにかく自分の作ったものを世の中に認めて欲しいということです。

トヨタ自動車が、大幅な赤字を覚悟で初代のプリウスを開発し販売したのは、いつかこれで大儲けができると考えたわけではなく、これからの世の中に必要な車だと考えたからでしょう。マイクロソフトの創始者であるビル・ゲイツにしても、その欲求の向く先は、世界一の大金持ちではなく、みんなが手軽に使えるコンピュータの開発でした。そうした欲求を持つ経営者であれば、お金がなくても十分に会社の経営を楽しめることでしょう。

経営者がＡＩとどのように付き合っていくのか、これは非常に興味深いことではあります。経営者の中には、占いや宗教に頼る人も意外と多いと聞きます。自分の夢と従業員、あるいはその家族の生活が、自身一人の判断にかかってくるわけですから、よほどの自信家でない限り、そのプレッシャーやストレスは大きく、誰かに判断の指針を求める気持ちもわかります。

そんな経営者たちに過去の成功例や市場の声を分析して、経営に対するアドバイスをしてくれるＡＩは、一見頼りがいのある相談相手になってくれるようにも思えます。

しかし、私は優秀な経営者であればあるほど、実はＡＩとは意見が合わないのではないかと思っています。例えば、自動車会社の社長が、自分の会社は今どんな車の開発に注力すべきかとＡＩに問えば、自動運転の安全性を高めた環境にやさしい車で、そこに走る楽しさや快適性をバランスよく配合した車を作るよう提言してくるかもしれません。こうした提言に経営者たちは、半分は納得しつつも、半分は反発するかもしれません。

「そうした車は社会のニーズとして確かに正しいかもしれないが、それだけではつまらない、自分が車の会社を経営する意味がない」

と考え、モヤモヤした思いが残るのではないでしょうか。

会社の経営には、ある種、人間臭いバランスの悪さも必要です。１９９０年代に、利益を度外視して、当時さして世の中から求められていなかったプリウスを開発したトヨタ、それまで企業や組織の中にだけあって、ビジネスツールだったパソコンを家庭に普及させたマイクロソフト。

いずれも過去の事例だけを参考にして提言してくるAIには思いつかない経営戦略でしょう。こちらはいずれも人間である経営者のコンピュータにない発想とこだわりによって生まれたものです。

そうは言ってもAIは、情報の分析と記憶、論理的な判断は得意ですから、経営者の良きアドバイザーになり、新しい発想をもたらしてくれるキッカケにはなるかもしれません。

「これからは宇宙とビジネスではないでしょうか？　月へ行って鉱物を採掘する事業などいかがでしょうか。ある程度の採算も取れます」と提言するAIに対し、経営者が「そんなこと中国で誰かが始めている。もっと新しい……そうだなあ、宇宙って言うなら火星で大豆を育てる研究ってのがいいな。移住することになったら必要だろう？」と反論します。

「そんなことが可能になる技術はまだありませんが……」

「今あることばかり考えて、どうするんだよ。とにかくやってみるんだ。こいつは人類の未来のため絶対に必要だ。理屈じゃない、俺の勘が、そう勧めるんだ」

「でしたら、大豆よりもソバのほうがよいかもしれません。養分の少ない、火星の土壌では、そちらのほうが成功の確率が高まります」

未来の社長室では、こんな会話が聞かれるかもしれません。

お金から自由になる政治家

政治家、この仕事ほどお金から自由になるべきものはないのではないでしょうか。

多くの政治家は、この国を良くしたい、変えたいと思って選挙に出ます。しかし、実際、選挙に出て勝つには多額のお金が必要ですし、当選した後も、自分の考える政治理念を実現するためには、知識も人脈も権力も必要です。

そのためには、例えば事務所を構えて多くの政策秘書やブレーンを雇うことも必要でしょうし、人脈づくりの付き合いにも思ったより多くのお金が必要なようです。派閥の長ともなれば、その中の議員にも援助しなければなりませんし、それをしなければ、権力を得ることも難しくなります。

そんな政治家がお金の悩みから解放され、人間的な魅力と知識、努力だけで政策を実現できるようになれば、それはむしろ歓迎すべきことかもしれません。

SNSにみる承認欲求

もっと卑近な例で、お金とは関係のないところで人間がモチベーションを持つ例を挙げるとするなら、SNSやユーチューブ（YouTube）で「いいね」の数が増えることに喜ぶ人たちでしょう。

もちろんユーチューブでは、そこに広告を載せてお金を稼ぐこともできますし、それを目的として様々な動画をアップする人もいますが、もしそうした金銭的なメリットがなくなったとしても、これらの人々の多くは投稿をやめないでしょう。人間には、どうやら認められたい、知られたいという欲求があるようです。

ＳＮＳやユーチューブへの投稿だけで生きられると言っているわけではありません。しかし、こうした例を見ていると、やはり、人間はお金以外にもモチベーションを持てる場があるということに気づきます。今、例示してきた職業に限らず、人間は、お金がなくても、生きがいを見つけることができる生き物なのではないでしょうか。

最後に残るのは人間らしさ

以上、大まかではありますが、数十年後に、今よりもっと発達したＡＩと共に暮らす私たち人間の役割（あるいは、楽しみといったほうが良いでしょうか）について、空想してみました。

よく見てみると、どのような例の場合でも、結局、私たちが今の仕事の中でも感じている楽しみや喜びが（お金を稼ぐという喜びはなくなるかもしれませんが）、かなりの部分はそのまま残されるのではないかというのが、率直なところです。

むしろ、退屈なルーティンワークや膨大な単純作業から解放され、個々の人間が、よりクリエイティビティのある仕事に集中できる、いわば仕事の純化のようなことが起きる可能性もあるわけですから、その意味では、この未来をポジティブに捉えられるかもしれません。

ただ、そうは言っても、やはり今の私たちの仕事には、各種の事務処理や簡単な資料作成、既存の知識・情報から機械的に判断が可能な承認行為や検査業務など、もしかしたらＡＩに奪われてしまうかもしれない仕事に専従している人も少なくないでしょう。そうした人たちの中には、今さら自分の仕事を変えられないと嘆く人もいるかもしれません。しかし、ＡＩ時代になっても、そうした仕事の中にある人間らしい部分というものは必ず残るはずです。

どんなにロボットが発達して完璧な接客を行ったとしても、やはり人間の言葉や態度に出る独特のやさしさや明るさを再現することは難しいと思います。銀行のテラー業務は、いずれロボットがそのほとんどの作業を行うことになると思いますが、孫娘と話すような感覚を求めて銀行にやってくるお年寄りだっているでしょう。

そこで楽しく会話をしながら、本来は普通預金の話をしていたのに、孫の顔を思い出して、相続の相談に発展することもあるわけです。資料を作成するときも、単に見やすいものを作るだけならＡＩで十分かもしれませんが、それを読んで発表するのに丁度よい文字の配置や文章の長さ、色などは、発表者の性格や経験、語彙力など、様々な要素が絡んでのことですから、ＡＩに作ってもらった資料を自分が編集し直すということはいつまでも続くでしょう。

ＡＩによって、権力を独り占めする仕組みをつくり、反対する人間を監視して排除することだって可能かもしれません。

こうしたことを防ぐためのキーワードは「データ」です。このデータをみんなで共有し、(一部の機密情報は除いて)誰かに独占させないことにより、どんな権力者でも、すべてを好きにすることはできません。

AI時代、このデータの管理、共有の仕方こそが人間と社会の未来を左右する、私はそのように思います。

おわりに――情報の独占を阻止せよ――

ここまで、少し想像力を働かせすぎた感もありますが、AIやロボット、IoTなど最新技術がもたらす未来の姿に思いを馳せてみました。お金がいらなくなる社会、そんな中でも人間は、やはりモチベーションあるいは夢を持ち、生きていく。そんな、どちらかといえばポジティブな世界です。

しかし、こうした技術、あるいはそれを下で支えるデータの扱いを誤ると、もしかしたら、未来はもっと暗いものになってしまうかもしれません。これからの時代をけん引するであろうAI。これが行う様々な分析や判断は、そのほとんどが世の中にある情報をベースに行っています。もしも一部の権力者が、この情報を独占してしまったらどうなるでしょうか。

世の中の様々な情報の中から、自分の儲けにつながるような（お金を残す社会で）情報を独り占めしたり、政権が自分にとって都合の悪い情報を隠したり、改ざんしたり、あるいは、権力者が自分に都合の悪い思想の持ち主を探して、その発言を握りつぶしたり、そして何より時の政権が情報を操作して、すべての国民が平和で豊かな生活を送っているかのような幻想を巻き散らすことが横行すれば、ＡＩは権力者を讃え、支持するような解しか出さないかもしれません。

そうしたことを避けるためには、権力者だけが支配する情報をできる限り少なくすること、一部の国家機密はともかく、それ以外の情報を権力者が独り占めしたり、改ざんしたりしないようにしなければなりません。

こうしたことを実現するには、技術はもちろん、社会制度や法律も、かなり変えなければならないかもしれません。相当な大仕事かもしれませんが、すでに情報を中心にしたＡＩ社会が、その姿を現し始めている今の時代、本当に急いでやらなければならないことは、むしろ、そうしたことかもしれません。

皆が、情報の価値というものに敏感になり、その独占を何者にも許さない心構えが、今の私たちには求められているのかもしれません。

参考文献

平成28年版　情報通信白書　第1部　第4章　第2節　人工知能（ＡＩ）の現状と未来

http://www.soumu.go.jp/johotsusintokei/whitepaper/ja/h28/pdf/n4200000.pdf

農業の限界を突破するドローン、ＧＰＳ技術（未来開墾ビジネスファーム・２０１６年10月28日）

http://special.nikkeibp.co.jp/NBO/businessfarm/agribusiness/01/

ドローンを使用したピンポイント農薬散布実証実験に成功（MONOist・２０１８年１月17日）

http://monoist.atmarkit.co.jp/mn/articles/1801/17/news039.html

ＡＩが変えるドイツの物作り「インダストリー４・０」（毎日新聞・２０１６年３月12日）

https://mainichi.jp/premier/business/articles/20160309/biz/00m/010/005000c

ドイツ発の産業革命「インダストリー４・０」とは？事例や企業が把握すべきポイントを解説

(ferret・編集部２０１７年11月28日)

https://ferret-plus.com/5665

人手はいらなくなるか？　ブロックチェーンとコグニティブＡＰＩで自動化される保険ビジネス

(MUFG Innovation Hub・２０１７年３月１日)

https://innovation.mufg.jp/detail/id=145

クラウド会計ソフトのfreeeがＡＩによる自動仕訳の特許を取得、ラボも開設（TechCrunch・２０１６年６月27日）
http://jp.techcrunch.com/2016/06/27/freee-ai-labo/

ドローンと自動運転で「変革」する物流システム（MUFG Innovation Hub・２０１６年９月29日）
https://innovation.mufg.jp/detail/id=77

「ＡＩ（人工知能）を活用した問合せ支援サービス実証実験」【実施結果報告書】（２０１８年３月・総務企画局情報管理部ＩＣＴ推進課）
http://www.city.kawasaki.jp/170/cmsfiles/contents/0000086/86637/AI0306.pdf

行政事務における人工知能利活用に関する調査研究（平成28年度・電子経済産業省構築事業）
http://www.meti.go.jp/meti_lib/report/H28FY/000690.pdf

データサイエンティスト スキルチェックリスト ver2.00
https://www.slideshare.net/DataScientist_JP/2017-81179087

ＡＩ×働き方改革の鍵は「継続的な運用」にある（ＮＲＩジャーナル・２０１７年10月11日）
https://www.nri.com/jp/journal/2017/10/20171011/

サッポログループがＡＩ（人工知能）を活用し、働き方改革を加速（野村総合研究所ニュース・２０１７年７月６日）

https://www.nri.com/jp/news/2017/170706_1.aspx

ＡＩ、ＲＰＡ導入で進む、新しい「働き方改革」とは？（FUJITSU JOURNAL・２０１７年12月27日）
http://journal.jp.fujitsu.com/2017/12/27/01/

ＡＩは働き方改革の〝闇〟を解決できるのか？　アクセンチュア、電通など大企業がベンチャーに注目（ＪＢプレス・２０１８年２月21日）
http://jbpress.ismedia.jp/articles/-/52364?page=2

「b→dash」が、大規模メジャーアップデート「b→dash Prime Update」を発表　中小企業・ベンチャー企業向け新プロダクト「b→dash Lite」もリリース（２０１８年２月５日）
https://f-scratch.co.jp/news/4334/

社員の行動を分析　「働き方改革」ＡＩが指南（日本経済新聞・２０１７年10月11日）
https://www.nikkei.com/article/DGXMZO20775170V00C17A9000000/

マーサージャパンと日本マイクロソフト、ＡＩを活用した人事コンサルティングにおいて協業（Mercer 日本・２０１７年６月22日）
https://www.mercer.co.jp/newsroom/2017-workstyle-change.html

日本企業で進むＲＰＡ導入、「働き方改革」の加速も期待（Ferbes・２０１７年12月４日）
https://forbesjapan.com/articles/detail/18750

●著者プロフィール
細川義洋（ほそかわ・よしひろ）
ITコンサルタント、政府CIO補佐官。システム開発・運用の品質向上や企業のIT戦略立案の支援を行いながら著述、講演も行う。現在は、政府CIO補佐官としてデジタルガバメントの推進やIT化による行政改革などに取り組む他、行政におけるAI活用の研究を行っている。

マイナビ新書

ある日突然AIがあなたの会社に

2018年4月30日　初版第1刷発行

著　者　細川義洋
発行者　滝口直樹
発行所　株式会社マイナビ出版
〒101-0003　東京都千代田区一ツ橋2-6-3　一ツ橋ビル2F
TEL 0480-38-6872（注文専用ダイヤル）
TEL 03-3556-2731（販売部）
TEL 03-3556-2736（編集部）
E-Mail pc-books@mynavi.jp（質問用）
URL http://book.mynavi.jp/

装幀　アピア・ツウ
DTP　富宗治
印刷・製本　図書印刷株式会社

　ISBN978-4-8399-6534-1

Printed in Japan